MANESSE BIBLIOTHEK DER WELTLITERATUR

Beethoven

BEETHOVEN

SEINE GEISTIGE PERSÖNLICHKEIT IM EIGENEN WORT

—

Dargestellt von Willi Reich

MANESSE VERLAG

ISBN 3-7175-1040-1 (Leinen)
ISBN 3-7175-1041-X (Leder)

 · Druck: Conzett + Huber AG, Zürich

Imprimé en Suisse · Printed in Switzerland

Zusammengefaßter, energischer, inniger habe ich noch keinen Künstler gesehen. Ich begreife recht gut, wie er gegen die Welt wunderlich stehn muß.

Goethe

Am 19. Juli 1812 aus Teplitz an seine Frau Christiane.

VORBEMERKUNG

Der im folgenden unternommene Versuch, Beethovens geistige Persönlichkeit möglichst authentisch darzustellen, unterscheidet sich von allen mir bekanntgewordenen früheren Anthologien dadurch, daß hier die Auswahl ausschließlich durch das Grundthema bestimmt wurde, zu dem jedes der Zitate einen wesentlichen Beitrag leistet. Dieses Verfahren bedingte nicht nur weitgehenden Verzicht auf Anekdotisches, mochte es auch noch so reizvoll sein, sondern es bewirkte auch oft erhebliche Kürzungen in den Originaldokumenten, aus denen zumeist nur die für Beethovens Geisteshaltung charakteristischen Stellen wiedergegeben wurden. – Auch Satzanordnung, Orthographie und Interpunktion wurden von mir mit jener Freiheit gehandhabt, die unmittelbare klare Erfassung der Aussagen des großen Künstlers und Menschen ermöglichte. Dem gleichen Zweck dienen auch die von mir den einzelnen Stücken vorangestellten Überschriften. – Als Quellen wurden alle erreichbaren Brief- und Gesprächsammlungen sowie die wichtigste Spezialliteratur benützt.

WILLI REICH

ZEITTAFEL

1770 Mitte Dezember in Bonn geboren; Taufe am 17. Dezember.

1778–1792 Wirken als musikalisches Wunderkind und – seit 1783 – als Mitglied der kurfürstlichen Kapelle in Bonn.

1782 Erste Kompositionsversuche.

1787 Im Frühjahr einige Monate in Wien. Bekanntschaft mit Mozart. Eilige Rückkehr wegen Erkrankung der Mutter (Tod am 17. Juli).

1792 In der ersten Novemberhälfte wieder in Wien, das von da an sein ständiger Wohnsitz bleibt. Studiert bei Haydn, Schenk, Albrechtsberger und Salieri.

1795 Am 29. März erstes öffentliches Auftreten als Klavierspieler in Wien (in einer Akademie im Burgtheater). – Im Juli Erscheinen der drei Klaviertrios op. 1.

1796 Konzertreise nach Prag, Dresden und Berlin.

1799 Vollendung der I. Symphonie.

1800–1801 Es werden unter anderem vollendet: die sechs Streichquartette op. 18, die Musik zu dem Ballett «Die Geschöpfe des Prometheus», das Oratorium «Christus am Ölberge» und das Klavierkonzert in c-moll.

1802 II. Symphonie. – «Heiligenstädter Testament».

1804 III. Symphonie (Vollendung des 1803 konzipierten Werkes).

1805 20. November: Erstaufführung von « Fidelio oder die eheliche Liebe».

1806 29. März: Aufführung der umgearbeiteten Fassung von «Fidelio». – Vollendung der IV. Symphonie und des Violinkonzerts.

1807 Messe in C-Dur, op. 86.

1808 Vollendung der V. und VI. Symphonie.

1810 Musik zu Goethes «Egmont».

1811–1812 In beiden Sommern Kuraufenthalte in den böhmischen Bädern. Im Juli 1812 Begegnung mit Goethe in Teplitz.

1812 Vollendung der VII. und VIII. Symphonie.

1813 Komposition der «Schlachtsymphonie» («Wellingtons Sieg oder die Schlacht bei Vittoria»).

1814 23. Mai: Erstaufführung der dritten Fassung des «Fidelio».

1815 Im November: Übernahme der Vormundschaft für seinen Neffen Karl.

1822 Letzte Klaviersonate (op. 111).

1823 Vollendung der «Missa solemnis» (Arbeit an ihr seit 1819).

1824 Vollendung der IX. Symphonie (Arbeit an ihr seit 1817).

1825–1826 Die letzten Streichquartette.

1826 Ende September bis Ende November: Aufenthalt auf dem Gut seines Bruders Johann in Gneixendorf. Am 2. Dezember schwerkrank in Wien.

1827 26. März: kurz vor 18 Uhr gestorben. Leichenbegängnis am 29. März.

DER DREIUNDZWANZIGJÄHRIGE

Wien, 22. Mai 1793.

«Ich bin nicht schlimm. – Heißes Blut ist meine Bosheit – mein Verbrechen Jugend. – Schlimm bin ich nicht, schlimm wahrlich nicht – wenn auch oft wilde Wallungen mein Herz verklagen – mein Herz ist gut.»

Wohltun, wo man kann! – Freiheit über alles lieben! – Wahrheit nie, auch sogar am Throne nicht, verleugnen!

Denken Sie auch ferner Ihres Sie verehrenden Freundes

Ludwig Beethoven
aus Bonn im Kölnischen.

In das Stammbuch von A. Vocke aus Nürnberg. – Der erste Absatz ist ein Zitat aus Schillers «Don Carlos».

EINE WIDMUNG AN DIE JUGENDFREUNDIN

Sie erhalten hier eine Dedikation von mir an Sie, wobei ich nur wünschte, das Werk sei größer und Ihrer würdiger. Man plagte mich hier um die Herausgabe dieses Werkchens, und ich benutzte diese Gelegenheit, um Ihnen, meine verehrungswürdige Eleonore, einen Beweis meiner Hochachtung und Freundschaft gegen Sie und eines immerwährenden Andenkens an Ihr Haus zu geben. Nehmen Sie diese Kleinigkeit hin und denken Sie dabei, sie kommt von einem Sie sehr verehrenden Freunde.

Oh, wenn sie Ihnen nur Vergnügen macht, so sind meine Wünsche ganz befriedigt! Es sei eine kleine Wiedererweckung jener Zeit, wo ich so viele und so selige Stunden in Ihrem Hause zubrachte. Vielleicht erhält es mich im Andenken bei Ihnen, bis ich einst wiederkomme, was nun freilich sobald nicht sein wird. – Oh, wie wollen wir uns dann, meine liebe Freundin, freuen! – Sie werden dann einen fröhlicheren Menschen an Ihrem Freunde finden, dem die Zeit und sein besseres Schicksal die Furchen seines vorhergegangenen, widerwärtigen ausgeglichen hat...

P. S. Die Variationen werden etwas schwer zum Spielen sein, besonders die Triller in der Coda. Das darf Sie aber nicht abschrecken. Es ist so veranstaltet, daß Sie nichts als den Triller zu machen brauchen, die übrigen Noten lassen Sie aus, weil sie in der Violinstimme auch vorkommen. Nie würde ich so etwas gesetzt haben; aber ich hatte schon öfter bemerkt, daß hier und da einer in Wien war, welcher meistens, wenn ich des Abends phantasiert hatte, des anderen Tages viele von meinen Eigenheiten aufschrieb und sich damit brüstete. Weil ich nun voraussah, daß bald solche Sachen erscheinen würden, so nahm ich mir vor, ihnen zuvorzukommen. – Eine andere Ursache war noch dabei, nämlich: die hiesigen Klaviermeister in Verlegenheit zu setzen. Manche davon sind meine Todfeinde, und so wollte ich mich auf diese Art an ihnen rächen, weil ich voraus wußte, daß man ihnen die Variationen hier und da vorlegen würde, wo die Herren sich dann übel dabei produzieren würden.

Am 2. November 1793 aus Wien an Eleonore von Breuning (1771 bis 1841) in Bonn. (Das P. S. wurde wahrscheinlich einem späteren Briefe – vom Juni 1794 – angeschlossen.) – Das der Adressatin gewidmete Werk sind die noch in der letzten Bonner Zeit (Sommer 1792) entstandenen «Zwölf Variationen über das Thema ‹Se vuol ballare› aus Mozarts Oper ‹Le nozze di Figaro›, für Klavier und Violine» (ohne Opuszahl).

Liebster, Bester!
In was für einem abscheulichen Bilde hast Du mich mir selbst dargestellt! Oh, ich erkenne es: ich verdiene Deine Freundschaft nicht. Du bist so edel, so gutdenkend, und das ist das erste Mal, daß ich mich nicht neben Dich stellen darf; weit unter Dich bin ich gefallen. Ach, ich habe meinem besten, edelsten Freunde acht Wochen lang Verdruß gemacht!

Du glaubst, ich habe an der Güte meines Herzens verloren? Dem Himmel sei Dank: nein! Es war keine absichtliche, ausgedachte Bosheit von mir, die mich so gegen Dich handeln ließ: es war mein unverzeihlicher Leichtsinn, der mich die Sache nicht in dem Lichte sehen ließ, wie sie wirklich war. – Oh, wie schäm' ich mich vor Dir, wie vor mir selbst! – Fast traue ich mich nicht mehr, Dich um Deine Freundschaft wieder zu bitten.

Ach Wegeler! Nur mein einziger Trost ist, daß Du mich fast seit meiner Kindheit kanntest. Und doch, o laß mich's selbst sagen: ich war doch immer gut und bestrebte mich immer der Rechtschaffenheit und Biederkeit in meinen Handlungen. Wie hättest Du mich sonst lieben können? – Sollte ich denn jetzt seit der kurzen Zeit auf einmal mich so schrecklich, so sehr zu meinem Nachteil geändert haben? – Unmöglich! – Diese

Gefühle des Großen, des Guten sollten alle auf einmal in mir erloschen sein?

Mein Wegeler, Liebster, Bester! O wag' es noch einmal, Dich wieder ganz in die Arme Deines Beethoven zu werfen, baue auf die guten Eigenschaften, die Du sonst in ihm gefunden hast. Ich stehe Dir dafür, der neue Tempel der heiligen Freundschaft, den Du darauf aufrichten wirst, er wird fest, ewig stehen, kein Zufall, kein Sturm wird ihn in seinen Grundfesten erschüttern können. – Fest – ewig – unsere Freundschaft! – Verzeihung! – Vergessenheit! – Wiederaufleben der sterbenden, sinkenden Freundschaft!

O Wegeler! Verstoße sie nicht diese, Hand zur Aussöhnung! Gib die deinige in die meine! – Ach Gott! – Doch nichts mehr! – Ich selbst komme zu Dir und werfe mich in Deine Arme und bitte um den verlorenen Freund, und Du gibst Dich mir, dem reuevollen, Dich liebenden, Dich nievergessenden Beethoven wieder.

Um 1795 an den Bonner Jugendfreund Franz Gerhard Wegeler (1765–1848), der 1794–1796 in Wien Medizin studierte. Die Ursache des Zerwürfnisses ist unbekannt. Es muß aber zu völliger Aussöhnung gekommen sein; denn Wegeler, der 1796 nach Bonn zurückkehrte und 1802 Eleonore von Breuning heiratete, korrespondierte freundschaftlich mit Beethoven bis zu dessen Tode.

VERLEGENHEIT GEGENÜBER EINEM HULDIGUNGSGEDICHT

Ich müßte lügen, wenn ich Ihnen nicht sagte, daß die mir eben von Ihnen überschickten Verse mich nicht in Verlegenheit gebracht hätten. Es ist ein eigenes Gefühl, sich loben zu sehen, zu hören, und dann dabei seine eigene Schwäche fühlen wie ich. Solche Gelegenheiten betrachte ich immer als Ermahnungen, dem unerreichbaren Ziele, das uns Kunst und Natur darbeut, näher zu kommen, so schwer es auch ist.

Diese Verse sind wahrhaft schön bis auf den einzigen Fehler, den man zwar schon gewohnt ist bei Dichtern anzutreffen, indem sie durch die Hilfe ihrer Phantasie verleitet werden, das, was sie wünschen, zu sehen und zu hören, wirklich zu hören und zu sehen, mag es auch weit unter ihrem Ideal zuweilen sein.

1797 an die Sängerin Christine Gerardi in Wien.

Wien, 4. August 1800.

Verehrungswürdigster!

Sie erhalten hier eine Komposition von mir, welche bereits schon einige Jahre im Stich heraus ist, und von welcher Sie vielleicht zu meiner Schande noch gar nichts wissen. Mich entschuldigen und sagen, warum ich Ihnen etwas widmete, was so warm von meinem Herzen kam, und Ihnen gar nichts davon bekanntmachte, das kann ich mich vielleicht dadurch, daß ich anfänglich Ihren Aufenthalt nicht wußte, einen Teil auch wieder meine Schüchternheit, daß ich glaubte, mich übereilt zu haben, Ihnen etwas gewidmet zu haben, wovon ich nicht wußte, ob es Ihren Beifall hat.

Zwar auch jetzt schicke ich Ihnen die «Adelaide» mit Ängstlichkeit. – Sie wissen selbst, was einige Jahre bei einem Künstler, der immer weiter geht, für eine Veränderung hervorbringen: je größere Fortschritte in der Kunst man macht, desto weniger befriedigen einen seine älteren Werke.

Mein größester Wunsch ist befriedigt, wenn Ihnen die musikalische Komposition Ihrer himmlischen «Adelaide» nicht ganz mißfällt, und wenn Sie dadurch bewogen werden, bald wieder ein ähnliches Gedicht zu schaffen, und fänden Sie meine Bitte nicht unbescheiden, es mir sogleich zu schicken, und ich will dann alle meine

Kräfte aufbieten, Ihrer schönen Poesie nahezukommen.

Die Dedikation betrachten Sie teils als ein Zeichen des Vergnügens, welches mir die Komposition Ihrer «Adelaide» gewährte, teils als Zeichen meiner Dankbarkeit und Hochachtung für das selige Vergnügen, was mir Ihre Poesie überhaupt immer machte und noch machen wird.

An den Dichter Friedrich von Matthisson (1761–1831) in Dessau. – Beethoven hatte das Lied «Adelaide» 1797 als op. 46 in Wien veröffentlicht. – Später komponierte er noch die folgenden Gedichte Matthissons: «An Laura», «Andenken» und «Opferlied».

«ES SOLLTE NUR EIN MAGAZIN DER KUNST IN DER WELT SEIN!»

Ihre Unternehmungen freuen mich, und ich wünsche, daß wenn die Werke der Kunst Gewinn schaffen können, dieser doch viel lieber echten, wahren Künstlern als bloßen Krämern zuteil werde.

Daß Sie Sebastian Bachs Werke herausgeben wollen, ist etwas, was meinem Herzen, das ganz für die hohe große Kunst dieses Urvaters der Harmonie schlägt, recht wohltut und ich bald in vollem Laufe zu sehen wünsche. Ich hoffe von hier aus, sobald wir den goldenen Frieden verkündigt werden hören, selbst manches dazu beizutragen, sobald Sie darauf Pränumeration nehmen.

Was nun unsere eigentlichen Geschäfte anbelangt, weil Sie es nun so wollen, so sei Ihnen hiemit gedient: Für jetzt trage ich Ihnen folgende Sachen an: Septett 20 Dukaten, Symphonie 20 Dukaten, Konzert 10 Dukaten, große Solosonate (Allegro, Adagio, Minuetto, Rondo) 20 Dukaten. Diese Sonate hat sich gewaschen, geliebtester Herr Bruder!...

Nun wäre das saure Geschäft vollendet! Ich nenne das so, weil ich wünschte, daß es anders in der Welt sein könnte:

Es sollte nur ein Magazin der Kunst in der Welt sein, wo der Künstler seine Kunstwerke nur hinzugeben hätte, um zu nehmen, was er brauchte. – So muß man noch ein halber Handelsmann dabei sein, und wie findet man sich darein!

Du lieber Gott! – Das nenne ich noch einmal sauer!

Was die Leipziger Ochsen (Rezensenten) betrifft, so lasse man sie doch nur reden! Sie werden gewiß niemand durch ihr Geschwätz unsterblich machen, sowie sie auch niemand die Unsterblichkeit nehmen werden, dem sie von Apoll bestimmt ist.

Mitte Januar 1801 (Beethoven schreibt «15. Januar oder so etwas dergleichen») aus Wien an Franz Anton Hoffmeister in Leipzig.

Der Musiker und Buchhändler F. A. Hoffmeister (1754–1812) hatte gemeinsam mit dem Organisten Ambrosius Kühnel 1800 in Leipzig einen Musikverlag gegründet, in dem bis 1803 auch einige Werke Beethovens erschienen. 1813 ging der Verlag an C. F. Peters über. – Die in dem Brief erwähnten Werke Beethovens sind: das Septett op. 20, die I. Symphonie op. 21, das Klavierkonzert in B-Dur op. 19 und die Klaviersonate in B-Dur op. 22.

REZENSENTENGESCHREI

Was Ihre Aufforderung wegen Werken von mir betrifft, so ist es mir sehr leid, Ihnen jetzt in diesem Augenblick nicht Genüge leisten zu können... Ich merke bloß an, daß bei Hoffmeister eines von meinen ersten Konzerten (Klavierkonzert B-Dur, op. 19) herauskommt, und folglich nicht zu den besten von meinen Arbeiten gehört; bei Mollo ebenfalls ein zwar später verfertigtes Konzert (Klavierkonzert C-Dur, op. 15), aber ebenfalls noch nicht unter meine besten von dieser Art gehört. – Dies sei bloß ein Wink für Ihre «Musikalische Zeitung» in Rücksicht der Beurteilung dieser Werke, obschon, wenn man sie hören kann – nämlich gut –, man sie am besten beurteilen wird. – Es erfordert die musikalische Politik, die besten Konzerte eine Zeitlang bei sich zu behalten.

Ihrem Herrn Rezensenten empfehlen Sie mehr Vorsicht und Klugheit besonders in Rücksicht der Produkte jüngerer Autoren! Mancher kann dadurch abgeschreckt werden, der es vielleicht sonst weiter bringen würde. – Was mich angeht, so bin ich zwar weit entfernt, mich einer solchen Vollkommenheit nahe zu halten, die keinen Tadel vertrüge; doch war das Geschrei Ihres Rezensenten anfänglich gegen mich so erniedrigend, daß ich mich, indem ich mit anderen anfing zu vergleichen, auch kaum darüber aufhalten konnte, sondern ganz ruhig blieb und dachte, sie verstehen's nicht. Um so mehr konnte ich ruhig dabei sein, wenn ich betrachtete, wie Menschen in die Höhe gehoben wurden, die hier unter den besseren in loco wenig bedeuten und hier fast verschwanden, so brav sie übrigens auch sein mochten.

Doch nun: Pax vobiscum! Friede mit Ihnen und mir! Ich würde nie eine Silbe davon erwähnt haben, wäre es nicht von Ihnen selbst geschehen.

Am 22. April 1801 aus Wien an den Musikverlag Breitkopf & Härtel in Leipzig.

FÜR DIE TOCHTER VON J.S. BACH

Wie ich neulich zu einem guten Freunde von mir kam und er mir den Betrag von dem, was für die Tochter des unsterblichen Gottes der Harmonie gesammelt worden, zeigt, so erstaune ich über die geringe Summe, die Deutschland und besonders

Ihr Deutschland dieser mir durch ihren Vater verehrungswürdigen Person anerkannt hat.

Das bringt mich auf den Gedanken: Wie wär's, wenn ich etwas zum Besten dieser Person herausgäbe auf Pränumeration, diese Summe und den Betrag, der alle Jahre einkäme, dem Publikum vorlegte, um sich gegen jeden Angriff festzusetzen? – Sie könnten das meiste dabei tun.

Schreiben Sie mir geschwind, damit es geschähe, ehe uns diese Bach stirbt, ehe dieser Bach austrocknet und wir ihn nicht mehr tränken können!

Am 22. April 1801 aus Wien an Breitkopf & Härtel in Leipzig. – Es handelt sich um Regine Susanna Bach (1742–1809), das einzige damals noch lebende Kind von J. S. Bach. – Um ihre Not zu lindern, war in der vom Verlag Breitkopf & Härtel herausgegebenen «Allgemeinen Musikalischen Zeitung» im Mai 1800 ein von J. Fr. Rochlitz verfaßter Aufruf erschienen.

RESIGNATION

Mein Vaterland, die schöne Gegend, in der ich das Licht der Welt erblickte, ist mir noch immer so schön und deutlich vor meinen Augen, als da ich euch verließ; kurz: ich werde diese Zeit als eine der glücklichsten Begebenheiten meines Lebens betrachten, wo ich euch wiedersehen und unseren Vater Rhein begrüßen kann. – Soviel will ich euch sagen, daß ihr mich nur recht groß wiedersehen werdet: nicht nur als Künstler sollt ihr mich größer, sondern auch als Mensch sollt ihr mich besser, vollkommener finden. – Und ist dann der Wohlstand etwas besser in unserem Vaterlande, dann soll meine Kunst sich nur zum Besten der Armen zeigen. O glückseliger Augenblick, wie glücklich halte ich mich, daß ich dich herbeischaffen, dich selbst schaffen kann!...

Meine Kompositionen tragen mir viel ein, und ich kann sagen, daß ich mehr Bestellungen habe, als fast möglich ist, daß ich befriedigen kann. Auch habe ich auf jede Sache sechs, sieben Verleger und noch mehr, wenn ich mir's angelegen sein lassen will: man akkordiert nicht mehr mit mir; ich fordere, und man zahlt. – Du siehst, daß es eine hübsche Lage ist, zum Beispiel, ich sehe einen Freund in Not, und mein Beutel leidet eben nicht, ihm gleich zu helfen, so darf ich mich nur hinsetzen und in kurzer Zeit ist ihm geholfen. – Auch bin ich ökonomischer als sonst; sollte ich immer hier bleiben, so bringe ich's auch sicher dahin, daß ich jährlich immer einen Tag zur Akademie erhalte, deren ich einige gegeben.

Nur hat der neidische Dämon, meine schlimme Gesundheit, mir einen schlechten Stein ins Bett geworfen, nämlich: mein Gehör ist seit drei Jahren immer schwächer geworden... Ich kann sagen, ich bringe mein Leben elend zu, seit zwei Jahren fast meide ich alle Gesellschaften, weil's mir nicht möglich ist, den Leuten zu sagen: «Ich bin taub.» – Hätte ich irgendein anderes Fach, so ging's noch eher; aber in meinem Fache ist das ein schrecklicher Zustand. Dabei meine Feinde, deren Zahl nicht gering ist, was würden diese hierzu sagen!...

Was nun werden wird, das weiß der liebe Himmel... Ich habe schon oft den Schöpfer und mein Dasein verflucht. Plutarch hat mich zu der Resignation geführt. – Ich will, wenn's anders möglich ist, meinem Schicksal trotzen, obschon es Augenblicke meines Lebens geben wird, wo ich das unglücklichste Geschöpf Gottes sein werde...

Sollte mein Zustand fortdauern, so komme ich künftiges Frühjahr zu Dir. Du mietest mir irgendwo in einer schönen Gegend ein Haus auf dem Lande, und dann will ich ein halbes Jahr ein Bauer werden. Vielleicht wird's dadurch geändert. – Resignation! – welches elende Zufluchtsmittel, und mir bleibt es doch das einzige übrige.

Am 29. Juni 1801 aus Wien an Franz Gerhard Wegeler in Bonn.

«ICH WILL DEM SCHICKSAL IN DEN RACHEN GREIFEN!»

Etwas angenehmer lebe ich jetzt wieder, indem ich mich mehr unter Menschen gemacht. Du kannst es kaum glauben, wie öde, wie traurig ich mein Leben seit zwei Jahren zugebracht: wie ein Gespenst ist mir mein schwaches Gehör überall erschienen, und ich floh die Menschen, mußte Misanthrop scheinen und bin's doch so wenig.

Diese Veränderung hat ein liebes, zauberisches Mädchen hervorgebracht, die mich liebt, und die ich liebe. Es sind seit zwei Jahren wieder einige selige Augenblicke, und es ist das erstemal, daß ich fühle, daß heiraten glücklich machen könnte. Leider ist sie nicht von meinem Stande, und jetzt könnte ich nun freilich nicht heiraten: ich muß mich noch wacker herumtummeln.

Wäre mein Gehör nicht, ich wäre nun schon längst die halbe Welt durchgereiset, und das muß ich. Für mich gibt es kein größeres Vergnügen, als meine Kunst zu treiben und zu zeigen.

Glaub' nicht, daß ich bei euch glücklich sein würde! – Was sollte mich auch glücklicher machen? – Selbst eure Sorgfalt würde mir wehe tun, ich würde jeden Augenblick das Mitleiden auf euern Gesichtern lesen und würde mich nur noch unglücklicher finden. – Jene schönen, vaterländischen Gegenden, was war mir in ihnen beschieden? – Nichts, als die Hoffnung auf einen besseren Zustand. – Er wäre mir nun geworden – ohne dieses Übel. Oh, die Welt wollte ich umspannen von diesem frei!

Meine Jugend, ja ich fühle es, sie fängt erst jetzt an. – War ich nicht immer ein siecher Mensch? – Meine körperliche Kraft nimmt seit einiger Zeit mehr als jemals zu, und so meine Geisteskräfte. Jeden Tag gelange ich mehr zu dem Ziel, was ich fühle, aber nicht beschreiben kann. Nur hierin kann Dein Beethoven leben. Nichts von Ruhe! – Ich weiß von keiner anderen als dem Schlaf, und wehe genug tut mir's, daß ich ihm jetzt mehr schenken muß als sonst.

Nur halbe Befreiung von meinem Übel, und dann – als vollendeter, reifer Mann – komme ich zu euch, erneuere die alten Freundschaftsgefühle. So glücklich, als es mir hienieden beschieden ist, sollt ihr mich sehen, nicht unglücklich. – Nein, das könnte ich nicht ertragen.

Ich will dem Schicksal in den Rachen greifen! Ganz niederbeugen soll es mich nicht. – Oh, es ist so schön, das Leben tausendmal leben! – Für ein stilles Leben, nein, ich fühl's, ich bin nicht mehr dafür gemacht.

Am 16. November 1801 aus Wien an Franz Gerhard Wegeler in Bonn.

Reitet euch denn der Teufel insgesamt, meine Herren – mir vorzuschlagen, eine solche Sonate zu machen? – Zur Zeit des Revolutionsfiebers – nun da wäre das so etwas gewesen! Aber jetzt, da sich alles wieder ins alte Geleis zu schieben sucht, Bonaparte mit dem Papste das Konkordat geschlossen – so eine Sonate? – Wär's noch eine «Missa pro Sancta Maria a tre voci» oder eine Vesper usw. – nun, da wollt' ich gleich den Pinsel in die Hand nehmen und mit großen Pfundnoten ein «Credo in unum» hinschreiben. Aber – du lieber Gott! – eine solche Sonate zu diesen neu angehenden christlichen Zeiten. – Hoho! – da laßt mich aus, da wird nichts daraus!

Nun im geschwindesten Tempo meine Antwort: Die Dame kann eine Sonate von mir haben, auch will ich in *ästhetischer* Hinsicht im allgemeinen ihren Plan befolgen – aber ohne die Tonarten zu befolgen. Den Preis um 5 Dukaten. Dafür kann sie dieselbe ein Jahr für sich zu ihrem Genuß behalten, ohne daß weder ich noch sie dieselbe herausgeben darf. Nach dem Verlauf dieses Jahres ist die Sonate nur mein – das heißt: ich kann und werde sie herausgeben, und sie kann sich allenfalls, wenn sie glaubt, darin eine Ehre zu finden, sich ausbitten, daß ich ihr dieselbe widme. – Jetzt behüt euch Gott, ihr Herren!

Am 8. April 1802 aus Wien an den Verleger Franz Anton Hoffmeister in Leipzig. – Die von der unbekannt gebliebenen Dame angeregte Sonate wurde nicht komponiert.

TRANSKRIPTIONEN?

In Ansehung der arrangierten Sachen bin ich herzlich froh, daß Sie dieselben von sich gewiesen. Die unnatürliche Wut, die man hat, sogar Klaviersachen auf Geigeninstrumente überpflanzen zu wollen, Instrumente, die so einander in allem entgegengesetzt sind, möchte wohl aufhören können!

Ich behaupte fest, nur Mozart könne sich selbst vom Klavier auf andere Instrumente übersetzen, sowie Haydn auch. – Und ohne mich an beide große Männer anschließen zu wollen, behaupte ich es von meinen Klaviersonaten auch. Da nicht allein ganze Stellen gänzlich wegbleiben und umgeändert werden müssen, so muß man – noch hinzutun. Und hier steht der mißliche Stein des Anstoßes, den, um zu überwinden, man entweder selbst der Meister sein muß oder wenigstens dieselbe Gewandtheit und Erfindung haben muß.

Ich habe eine einzige Sonate von mir (Klaviersonate E-Dur, op. 14, Nr. 1) in ein Quartett von Geigeninstrumenten verwandelt, worum man mich so sehr bat, und ich weiß gewiß, das macht mir nicht so leicht ein anderer nach.

Am 13. Juli 1802 aus Wien an Breitkopf & Härtel in Leipzig.

«NACH MEINEM TODE ZU LESEN UND ZU VOLLZIEHEN!»

Heiligenstadt, am 6. Oktober 1802.

O ihr Menschen, die ihr mich für feindselig, störrisch oder misanthropisch haltet oder erkläret, wie unrecht tut ihr mir! Ihr wißt nicht die geheime Ursache von dem, was euch so scheinet. – Mein Herz und mein Sinn waren von Kindheit an für das zarte Gefühl des Wohlwollens; selbst große Handlungen zu verrichten, dazu war ich immer aufgelegt. Aber bedenket nur, daß seit sechs Jahren ein heilloser Zustand mich befallen, durch unvernünftige Ärzte verschlimmert, von Jahr zu Jahr in der Hoffnung gebessert zu werden betrogen, endlich zu dem Überblick eines *dauernden Übels* (dessen Heilung vielleicht Jahre dauert oder gar unmöglich ist) gezwungen.

Mit einem feurigen, lebhaften Temperamente geboren, selbst empfänglich für die Zerstreuungen der Gesellschaft, mußte ich früh mich absondern, einsam mein Leben zubringen. Wollte ich auch zuweilen mich einmal über alles das hinaussetzen, o wie hart wurde ich durch die verdoppelte traurige Erfahrung meines schlechten Gehörs dann zurückgestoßen, und doch war's mir noch nicht möglich, den Menschen zu sagen: «Sprecht lauter, schreit, denn ich bin taub!» – Ach, wie wär' es möglich, daß ich dann die Schwäche eines Sinnes angeben sollte, der bei mir in einem vollkommenern Grade als bei andern sein sollte, eines Sinnes, den ich einst in der größten Vollkommenheit besaß, in einer Vollkommenheit, wie ihn wenige von meinem Fache gewiß haben noch gehabt haben.

O ich kann es nicht! Drum verzeiht, wenn ihr mich da zurückweichen sehen werdet, wo ich mich gerne unter euch mischte! Doppelt wehe tut mir mein Unglück, indem ich dabei verkannt werden muß. Für mich darf Erholung in menschlicher Gesellschaft, feinere Unterredungen, wechselseitige Ergießungen nicht statthaben. Ganz allein fast nur soviel, als es die höchste Notwendigkeit fordert, darf ich mich in Gesellschaft einlassen; wie ein Verbannter muß ich leben. Nahe ich mich einer Gesellschaft, so überfällt mich eine heiße Ängstlichkeit, indem ich befürchte, in Gefahr gesetzt zu werden, meinen Zustand merken zu lassen.

So war es denn auch dieses halbe Jahr, was ich auf dem Lande zubrachte. Von meinem vernünftigen Arzte aufgefordert, soviel als möglich mein Gehör zu schonen, kam er fast meiner jetzigen natürlichen Disposition entgegen, obschon, vom

Triebe zur Gesellschaft manchmal hingerissen, ich mich dazu verleiten ließ. – Aber welche Demütigung, wenn jemand neben mir stund und von weitem eine Flöte hörte und ich nichts hörte, oder jemand den Hirten singen hörte und ich auch nichts hörte! Solche Ereignisse brachten mich nahe an Verzweiflung; es fehlte wenig, und ich endigte selbst mein Leben.

Nur sie, die *Kunst,* sie hielt mich zurück. Ach, es dünkte mir unmöglich, die Welt eher zu verlassen, bis ich das alles hervorgebracht, wozu ich mich aufgelegt fühlte, und so fristete ich dieses elende Leben – wahrhaft elend –, einen so reizbaren Körper, daß eine etwas schnelle Veränderung mich aus dem besten Zustande in den schlechtesten versetzen kann.

Geduld – so heißt es –, sie muß ich nun zur Führerin wählen. Ich habe es. – Dauernd, hoffe ich, soll mein Entschluß sein, auszuharren, bis es den unerbittlichen Parzen gefällt, den Faden zu brechen. Vielleicht geht's besser, vielleicht nicht – ich bin gefaßt.

Schon in meinem 28. Jahre gezwungen, Philosoph zu werden – es ist nicht leicht; für den Künstler schwerer als für irgend jemand. – Gottheit! du siehst herab auf mein Inneres, du kennst es, du weißt, daß Menschenliebe und Neigung zum Wohltun drin hausen. – O Menschen, wenn ihr einst dieses leset, so denket, daß ihr mir unrecht getan! Und der Unglückliche, er tröste sich, einen seinesgleichen zu finden, der trotz allen Hindernissen der Natur doch noch alles getan, was in seinem Vermögen stand, um in die Reihe würdiger Künstler und Menschen aufgenommen zu werden.

Ihr meine Brüder Carl und (Johann), sobald ich tot bin und Professor Schmidt lebt noch, so bittet ihn in meinem Namen, daß er meine Krankheit beschreibe, und dieses hier geschriebene Blatt füget ihr dieser meiner Krankengeschichte bei, damit wenigstens soviel als möglich die Welt nach meinem Tode mit mir versöhnt werde!

Zugleich erkläre ich euch beide hier für die Erben des kleinen Vermögens (wenn man es so nennen kann) von mir. Teilt es redlich, und vertragt und helft euch einander. Was ihr mir zuwider getan, das wißt ihr, war euch schon längst verziehen. Dir Bruder Carl danke ich noch insbesondere für Deine in dieser letzteren, späteren Zeit mir bewiesene Anhänglichkeit. Mein Wunsch ist, daß euch ein besseres, sorgenloseres Leben als mir werde. Empfehlt euren Kindern *Tugend;* sie nur allein kann glücklich machen, nicht Geld – ich spreche aus Erfahrung –; sie war es, die mich selbst im Elende gehoben; ihr danke ich, nebst meiner Kunst, daß ich durch keinen Selbstmord mein Leben endigte. – Lebt wohl und liebt euch!

Allen Freunden danke ich, besonders Fürst Lichnowsky und Professor Schmidt. – Die In-

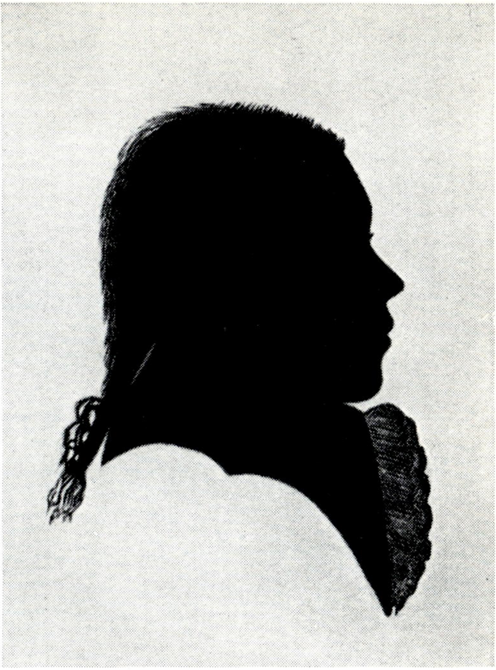

DER SECHZEHNJÄHRIGE

Silhouette von Neesen vom Jahre 1786

strumente von Fürst L. wünsche ich, daß sie doch mögen aufbewahrt werden bei einem von euch, doch entstehe deswegen kein Streit unter euch; sobald sie euch aber zu was Nützlicherem dienen können, so verkauft sie nur. Wie froh bin ich, wenn ich auch noch unter meinem Grabe euch nützen kann.

So wär's geschehen. – Mit Freuden eil' ich dem Tode entgegen. – Kömmt er früher, als ich Gelegenheit gehabt habe noch alle meine Kunstfähigkeiten zu entfalten, so wird er mir trotz meinem harten Schicksal doch noch zu frühe kommen, und ich würde ihn wohl später wünschen. – Doch auch dann bin ich zufrieden; befreit er mich nicht von einem endlosen leidenden Zustande? – Komm, wann du willst, ich gehe dir mutig entgegen.

Lebt wohl und vergeßt mich nicht ganz im Tode! Ich habe es um euch verdient, indem ich in meinem Leben oft an euch gedacht, euch glücklich zu machen. Seid es!

*

Heiligenstadt, am 10. Oktober 1802.

So nehme ich denn Abschied von Dir – und zwar traurig. – Ja, die geliebte Hoffnung, die ich mit hierher nahm, wenigstens bis zu einem gewissen Punkt geheilet zu sein, sie muß mich nun gänzlich verlassen; wie die Blätter des Herbstes herabfallen, gewelkt sind, so ist auch sie für mich dürr geworden. Fast wie ich hierher kam, gehe ich fort. Selbst der hohe Mut, der mich oft in den schönen Sommertagen beseelte, er ist verschwunden. – O Vorsehung – laß einmal einen reinen Tag der Freude mir erscheinen!

So lange schon ist der wahren Freude inniger Widerhall mir fremd. – O wann – o wann – o Gottheit – kann ich im Tempel der Natur und der Menschen ihn wieder fühlen? – Nie? – Nein! O es wäre zu hart.

Das sogenannte «Heiligenstädter Testament».

ZWIST UND VERSÖHNUNG

Mit der Sache von Breuning werden Sie sich wohl gewundert haben. – Glauben Sie mir, Lieber, daß mein Aufbrausen nur ein Ausbruch von manchen unangenehmen Zufällen mit ihm gewesen ist. Ich habe die Gabe, daß ich über eine Menge Sachen meine Empfindlichkeit verbergen und zurückhalten kann; werde ich aber auch einmal gereizt zu einer Zeit, wo ich empfänglich für den Zorn bin, so platze ich auch stärker aus als jeder andere.

Breuning hat gewiß vortreffliche Eigenschaften, aber er glaubt sich von allen Fehlern frei, und hat meistens die am stärksten, welche er an anderen

Menschen zu finden glaubt. Er hat einen Geist der Kleinlichkeit, den ich von Kindheit an verachtet habe. Meine Beurteilungskraft hat mir fast vorher den Gang mit Breuning prophezeit, indem unsere Denkungs-, Handlungs- und Empfindungsweise zu verschieden sind. Doch habe ich geglaubt, daß sich auch diese Schwierigkeiten überwinden ließen – die Erfahrung hat mich widerlegt.

Und nun auch keine Freundschaft mehr! – Ich habe nur zwei Freunde in der Welt gefunden, mit denen ich auch nie in ein Mißverhältnis gekommen. Aber welche Menschen! Der eine ist tot, der andere lebt noch. – Obschon wir fast sechs Jahre hindurch keiner von dem anderen etwas wissen, so weiß ich doch, daß in seinem Herzen ich die erste Stelle, so wie er in dem meinigen einnimmt. Der Grund der Freundschaft heischt die größte Ähnlichkeit der Seelen und Herzen der Menschen.

Ich wünsche nichts, als daß Sie meinen Brief lesen, den ich an Breuning geschrieben und den seinigen an mich. – Nein, nie mehr wird er in meinem Herzen den Platz behaupten, den er hatte! – Wer seinem Freunde eine so niedrige Denkungsart beimessen kann und sich ebenfalls eine solche niedrige Handlungsart wider denselben erlaubt, der ist nicht wert der Freundschaft von mir.

Am 24. Juli 1804 aus Baden bei Wien an Ferdinand Ries in Wien. – Der Grund des Streites mit seinem Jugendfreund Stephan von Breuning (1774–1827) war eine Wohnung, die Beethoven rechtzeitig zu kündigen vergessen hatte. – Die von Beethoven erwähnten einzigen zwei Freunde waren Stephans jüngerer Bruder Lorenz von Breuning (1777–1798) und Karl Amenda (1771–1836), der damals in Talsen (Kurland) als Privatlehrer und Theologe lebte. – Daß Beethoven Stephan von Breuning nicht lange zürnte, zeigte der folgende, im Herbst 1804 an ihn gerichtete Brief, mit dem Beethoven sein 1803 von Christian Horneman auf Elfenbein gemaltes Miniaturporträt begleitete:

Hinter diesem Gemälde, mein guter, lieber Steffen, sei auf ewig verborgen, was eine Zeitlang zwischen uns vorgegangen. Ich weiß, ich habe Dein Herz zerrissen. Die Bewegung in mir, die Du gewiß bemerken mußtest, hatte mich genug dafür gestraft. Bosheit war's nicht, was in mir gegen Dich vorging. Nein, ich wäre Deiner Freundschaft nie mehr würdig! – Leidenschaft bei Dir und mir. Aber Mißtrauen gegen Dich ward in mir rege; es stellten sich Menschen zwischen uns, die Deiner und meiner nie würdig sind.

Mein Porträt war Dir schon lange bestimmt. Du weißt es ja, daß ich es jemandem bestimmt hatte – wem könnte ich es wohl so mit dem wärmsten Herzen geben als Dir, treuer, guter, edler Steffen!

Verzeih mir, wenn ich Dir wehe tat; ich litt selbst nicht weniger. – Als ich Dich so lange nicht mehr um mich sah, empfand ich es erst recht lebhaft, wie teuer Du meinem Herzen bist und ewig sein wirst.

OPERNBESUCHER

Als Beethoven noch nicht mit seinem organischen Gebrechen behaftet war, besuchte er gern und wiederholt Opernvorstellungen, besonders jene in dem damals so herrlich florierenden «Theater an der Wien»; mitunter wohl auch der lieben Bequemlichkeit zu Nutz und Frommen, da er gewissermaßen nur den Fuß aus seiner Stube und ins Parterre hinein zu setzen brauchte.

Dort fesselten ihn vorzugsweise Cherubinis und Méhuls Schöpfungen, die in selber Epoche gerade anfingen, ganz Wien zu enthusiasmieren. – Da pflanzte er sich denn hart hinter die Orchesterlehne und hielt, stumm wie ein Ölgötze, bis zum letzten Bogenstrich aus. – Dies war aber auch das einzige Merkmal, daß ihm das Kunstwerk Interesse einflößte. Wenn es ihn im Gegenteil nicht ansprach, dann machte er schon nach dem ersten Aktschluß rechtsum und trollte sich fort.

Überhaupt war es schwer, ja rein unmöglich, aus seinen Mienen Zeichen des Beifalls oder des Mißbehagens zu entziffern: er blieb sich immer gleich, scheinbar kalt und ebenso verschlossen in seinen Urteilen über Kunstgenossen; nur der Geist arbeitete rastlos im Innern, die animalische Hülle glich einem seelenlosen Marmor.

Wunderbar genug gewährte ihm dagegen das Anhören einer recht erbärmlich schlechten Musik ein wahres Gaudium, welches er auch mittels eines brüllenden Gelächters proklamierte. Jedermann, der ihn genauer kannte, wußte, daß er in dieser Kunst nicht minder Virtuose vom ersten Range war; nur schade, daß sogar seine nächste Umgebung selten die eigentliche Ursache einer solchen Explosion zu ergründen vermochte, da er zum öfteren die eigenen geheimsten Gedanken und Einfälle zu belachen geruhte, ohne weitere Rechenschaft darüber zu geben.

Ignaz von Seyfried

Im Anhang seines 1832 veröffentlichten Buches «Beethovens Studien im Generalbaß».

«SINFONIA EROICA»

Im Jahre 1802/1803 komponierte Beethoven in Heiligenstadt, einem anderthalb Stunden von Wien gelegenen Dorfe, seine dritte Symphonie. – Er dachte sich bei seinen Kompositionen oft einen bestimmten Gegenstand, obschon er über musikalische Malereien häufig lachte und schalt, besonders über kleinliche der Art. Hierbei mußten «Die Schöpfung» und «Die Jahreszeiten» von Haydn manchmal herhalten, ohne daß Beethoven jedoch Haydns höhere Verdienste verkannte, wie er denn namentlich bei vielen Chören und anderen Sachen Haydn die verdientesten Lobsprüche erteilte.

Bei jener dritten Symphonie hatte Beethoven sich Buonaparte gedacht, aber diesen, als er noch Erster Konsul war. Beethoven schätzte ihn damals außerordentlich hoch und verglich ihn den größten römischen Konsuln.

Sowohl ich als mehrere seiner nächsten Freunde haben diese Symphonie, schön in Partitur abgeschrieben, auf seinem Tische liegen gesehen, wo ganz oben auf dem Titelblatte das Wort «Buonaparte» und ganz unten «Luigi van Beethoven» stand, aber kein Wort mehr. Ob und womit die Lücke hat ausgefüllt werden sollen, weiß ich nicht.

Ich war der erste, der ihm die Nachricht brachte, Buonaparte habe sich zum Kaiser erklärt, worauf er in Wut geriet und ausrief: «Ist der auch nichts anderes wie ein gewöhnlicher Mensch! Nun wird er auch alle Menschenrechte mit Füßen treten, nur seinem Ehrgeiz frönen. Er wird sich nun höher wie alle anderen stellen und ein Tyrann werden!» – Beethoven ging an den Tisch, faßte das Titelblatt oben an, riß es ganz durch und warf es auf die Erde. Die erste Seite wurde neu geschrieben, und nun erst erhielt die Symphonie den Titel «Sinfonia eroica».

Ferdinand Ries

Der in Bonn als Sohn des Musikdirektors Franz Anton Ries (1755 bis 1846; Beethovens Violinlehrer) geborene Ferdinand Ries (1784 bis 1838) war 1801–1805 in Wien Beethovens Schüler; auch 1808/1809 war er in Wien in Beethovens Gesellschaft; dann ging er auf Reisen und ließ sich 1813 in London nieder, von wo aus er mit Beethoven ständig korrespondierte. Seine letzte Lebenszeit (1824–1838) verbrachte er in Godesberg und Frankfurt am Main. – Die von ihm gemeinsam mit Franz Gerhard Wegeler veröffentlichten «Biographischen Notizen über Ludwig van Beethoven» (Koblenz 1838) sind eines der wichtigsten Quellenwerke zur Biographie des Meisters. – Die Angaben über die dritte Symphonie sind unrichtig datiert: das Werk entstand erst 1803. Buonaparte erklärte sich zum Kaiser am 20. Mai 1804.

DER DIRIGENT

Im Dirigieren durfte unser Meister keineswegs als Musterbild aufgestellt werden, und das Orchester mußte wohl achthaben, um sich nicht von seinem Mentor irreleiten zu lassen; denn er hatte nur Sinn für seine Tondichtungen und war unablässig bemüht, durch die mannigfaltigsten Gestikulationen den identisierten Ausdruck zu bezeichnen.

So schlug er oft bei einer starken Stelle nieder, sollte es auch im schlechten Taktteile sein. Das Diminuendo pflegte er dadurch zu markieren, daß er immer kleiner wurde und beim Pianissimo sozusagen unter das Taktierpult schlüpfte. – So wie die Tonmassen anschwollen, wuchs auch er wie aus einer Versenkung empor, und mit dem Eintritt der gesamten Instrumentalkraft wurde er, auf den Zehenspitzen sich erhebend, fast riesengroß und schien, mit beiden Armen wellenförmig rudernd, zu den Wolken hinaufschweben zu wollen. Alles war in regsamster Tätigkeit, kein organischer Teil müßig, und der ganze Mensch einem Perpetuum mobile vergleichbar.

Bei zunehmender Harthörigkeit entstand freilich öfters ein derber Zwiespalt, daß der Maëstro in Arsin (Arsis = schlechter, unbetonter Taktteil) battierte und die Musiker in Thesin (Thesis = guter, betonter Taktteil) akkompagnierten. Dann orientierte sich der von der Heerstraße Abgekommene am leichtesten bei leisen Sätzen, während er von dem gewaltigsten Forte rein nichts verstand. Auch kam ihm in solchen Fällen das Auge zu Hilfe: er beobachtete nämlich den Strich der Bogeninstrumente, erriet daraus die eben vorgetragene Figur und fand sich bald wieder zurecht...

Beethoven gehörte schlechterdings nicht zu den eigensinnigen Komponisten, denen kein Orchester in der Welt etwas zu Dank machen kann; ja zuweilen war er gar zu nachsichtsvoll und ließ nicht einmal Stellen, die bei den Vorproben verunglückten, wiederholen. – «Das nächste Mal wird's schon gehen!», meinte er.

Bezüglich des Ausdrucks, der kleineren Nuancen, der ebenmäßigen Verteilung von Licht und Schatten, sowie eines wirksamen Tempo rubato hielt er auf große Genauigkeit und besprach sich, ohne Unwillen zu verraten, gern einzeln mit jedem darüber.

Wenn er nun aber gewahrte, wie die Musiker in seine Ideen eingingen, mit wachsendem Feuer zusammenspielten, von dem magischen Zauber seiner Tonschöpfungen ergriffen, hingerissen, begeistert wurden, dann verklärte freudig sich sein Antlitz, aus allen Zügen strahlte Vergnügen und Zufriedenheit, ein wohlgefälliges Lächeln umspielte seine Lippen, und ein donnerndes «Bravi tutti» belohnte die gelungene Kunstleistung.

Es war des hehren Genies erster und schönster Triumphmoment, gegen welchen, wie er unumwunden gestand, selbst der Beifallssturm eines großen, empfänglichen Publikums im Schatten stand.

Beim A vista-Vortrag mußte oft der Korrektur wegen eingehalten und der Faden des Ganzen abgeschnitten werden: auch dabei blieb er geduldig. Kam aber, besonders in den Scherzi seiner Symphonien, beim plötzlichen, unerwarteten Taktwechsel, alles auseinander, dann schlug er eine dröhnende Lache auf, versicherte, er hätte es gar nicht anders erwartet, hätte schon zum voraus darauf gespitzt, und äußerte eine fast kindische Freude, daß es ihm geglückt, so bügelfeste Ritter aus dem Sattel zu heben.

Ignaz von Seyfried

Im Anhang seines 1832 veröffentlichten Buches «Beethovens Studien im Generalbaß».

Beethoven hatte mir sein schönstes Klavierkonzert in c-moll noch als Manuskript gegeben, um damit zum ersten Male öffentlich als sein Schüler aufzutreten. Auch bin ich der einzige, der zu Beethovens Lebzeiten je als solcher auftrat. Außer mir erkannte er nur noch den Erzherzog Rudolph als Schüler an.

Ich hatte Beethoven gebeten, mir eine Kadenz zu komponieren, welches er abschlug und mich anwies, selbst eine zu machen; er wolle sie korrigieren. Er war mit meiner Komposition sehr zufrieden und änderte wenig. Nur war eine äußerst brillante und sehr schwierige Passage darin, die ihm zwar gefiel, zugleich aber zu gewagt schien, weshalb er mir auftrug, eine andere zu setzen. – Acht Tage vor der Aufführung, die er dirigierte, wollte er die Kadenz wieder hören. Ich spielte sie und verfehlte die Passage. Er hieß mich noch einmal, und zwar etwas unwillig, sie ändern. Ich tat es, allein, die neue befriedigte mich nicht; ich studierte also die andere auch tüchtig, ohne ihrer jedoch ganz sicher werden zu können.

Im öffentlichen Konzert setzte sich Beethoven bei der Kadenz ruhig hin. Ich konnte es nicht über mich gewinnen, die leichtere zu wählen. Als ich nun die schwerere keck anfing, machte Beethoven einen gewaltigen Ruck mit dem Stuhle. Sie gelang indessen ganz, und Beethoven war so erfreut, daß er laut «Bravo!» schrie. Dies elektrisierte das ganze Publikum und gab mir gleich eine Stellung unter den Künstlern. – Nachher, als er mir seine Zufriedenheit darüber äußerte, sagte er zugleich: «Eigensinnig sind Sie aber doch! – Hätten Sie die Passage verfehlt, so würde ich Ihnen nie eine Lektion mehr gegeben haben.»

Ferdinand Ries

Das Klavierkonzert (op. 37) wurde am 5. April 1803 in einer Akademie Beethovens im Theater an der Wien uraufgeführt.

DIE KREUTZERSONATE

Wien, 4. Oktober 1804.

Liebster bester Herr Simrock!
Immer habe ich schon die Ihnen von mir gegebene Sonate mit Sehnsucht erwartet – aber vergeblich. Schreiben Sie mir doch gefälligst, was es denn für einen Anstand mit derselben hat! Ob Sie solche bloß um den Motten zur Speise zu geben, von mir gewonnen? – Oder wollen Sie sich ein besonderes Kaiserliches Privilegium darüber erteilen lassen? – Nun, das, dächte ich, hätte wohl lange geschehen können.

Wo steckt dieser langsame Teufel, der die Sonate heraustreiben soll? – Sie sind sonst der geschwinde

Teufel, sind dafür bekannt, daß Sie, wie Faust ehemals, mit dem Schwarzen im Bunde stehen, und sind dafür eben so geliebt von Ihren Kameraden. – Noch einmal: Wo steckt Ihr Teufel – oder was ist es für ein Teufel –, der mir auf der Sonate sitzt, und mit dem Sie sich nicht verstehen?

Eilen Sie also und geben Sie mir Nachricht, wann ich die Sonate ans Tageslicht gebracht sehen werde. Indem Sie mir dann die Zeit bestimmen werden, werde ich Ihnen sogleich alsdann ein Blättchen an Kreutzer schicken, welches Sie ihm bei Übersendung eines Exemplars so gütig sein werden, beizulegen.

Dieser Kreutzer ist ein guter, lieber Mensch, der mir bei seinem hiesigen Aufenthalte sehr viel Vergnügen gemacht. Seine Anspruchslosigkeit und Natürlichkeit ist mir lieber als alles Extérieur und Intérieur der meisten Virtuosen. – Da die Sonate für einen tüchtigen Geiger geschrieben ist, um so passender ist die Dedikation an ihn.

An den Verleger Nikolaus Simrock in Bonn. Die als «Kreutzersonate» bekannte Sonate für Klavier und Violine in A-Dur, op. 47, wurde dem französischen Geiger Rodolphe Kreutzer (1766–1831) gewidmet, der sie aber «unverständlich» fand und sie wahrscheinlich nie öffentlich spielte.

Von ihr – der einzig Geliebten. – Warum gibt es keine Sprache, die das ausdrücken kann, was noch weit über Achtung – weit über alles ist, was wir noch nennen können? – Oh, wer kann sie aussprechen und nicht fühlen, daß, so viel er auch über sie sprechen möchte, daß alles nicht sie erreicht! – *Nur in Tönen!* – Ach, bin ich nicht zu stolz, wenn ich glaube, die Töne wären mir williger als die Worte? – Sie, sie mein Alles, meine Glückseligkeit! – Ach, nein! Auch nicht in meinen Tönen kann ich es, obschon du Natur mich hierin nicht karg beschenktest, so ist es doch zu wenig für sie. – Stille schlage nur armes Herz – weiter kannst du nichts! – Für sie – immer für sie – nur sie – ewig sie – bis ins Grab nur sie! – Meine Erquickung, mein Alles! – O Schöpfer, wache über sie – segne ihre Tage – eher über mich alles Ungemach! – Nur sie! – Stärke sie – tröste sie – in dem armseligen und doch oft glückseligen Dasein der sterblichen Menschen! – Wäre auch sie es nicht, die mich wieder an das Leben angekettet, auch ohne dieses wäre sie mir alles!

Beethoven im Jahre 1805 in einer im Nachlaß der Gräfin Josephine Deym (1779–1821) in Abschrift aufgefundenen Aufzeichnung. Die Gräfin Deym war eine geborene Komtesse Brunswick, mit deren Familie – insbesondere mit ihr, ihrer Schwester Therese (1775–1861) und ihrem Bruder Franz (1777–1849) – Beethoven seit Mai 1799 eng befreundet war. Seine Briefe an Josephine, die sich lange Zeit im Besitz des Zürcher Mäzens Dr. H. C. Bodmer befanden, wurden erst 1957 vom Beethovenhaus in Bonn veröffentlicht.

Der intimere Verkehr zwischen Josephine und Beethoven dürfte 1804 begonnen haben. Josephine, die 1799, auf Betreiben ihrer Mutter, den um dreißig Jahre älteren Grafen Joseph Deym geheiratet hatte, war Ende 1803, vierundzwanzigjährig, Witwe geworden. Romain Rolland widmete ihr in seinem Buch «Beethovens Meisterjahre», Leipzig 1930, die folgenden Zeilen: «Sie blieb mit vier Kindern hilflos in ganz ungeordneten Verhältnissen zurück. Ihre Gesundheit erlitt damals einen Stoß, von dem sie sich nie wieder ganz erholte. In ihrem Kummer und ihrer Ratlosigkeit – vornehm, zart, eine Treibhauspflanze, die plötzlich dem rauhen Wind ausgesetzt ist – war sie gegen die Überfälle des Gefühls schlecht gewappnet, und Beethoven, durch keine Rücksicht auf den Gatten mehr zurückgehalten, glüht auf in Hoffnung und Leidenschaft.» – In seinen ersten Briefen spricht er viel von musikalischen Veranstaltungen im Hause Josephinens und vom eigenen Schaffen. Anfangs 1805 widmet er ihr das Lied «An die Hoffnung» (Text aus Tiedges «Urania»). Von diesem Lied und von seiner Arbeit an der Oper «Leonore» ist in einem Brief aus dieser Zeit die Rede, der mit den folgenden Worten schließt:

Es ist nun wahr, ich bin nicht so tätig, als ich hätte sein sollen. – Aber ein innerer Gram (das Gehörsleiden) hatte mich lang meiner sonst gewöhnlichen Spannkraft beraubt. Einige Zeit hindurch, als das Gefühl der Liebe für Sie, angebetete J., zu keimen anfing, vermehrte sich dieser noch. Sobald wir einmal wieder ungestört beisammen sind, dann sollen Sie von meinen wirklichen Leiden und von dem Kampf mit mir selbst zwischen Tod und Leben, den ich einige Zeit hindurch führte, unterrichtet sein. – Ein Ereignis machte mich lange Zeit an aller Glückseligkeit des Lebens hienieden zweifeln; nun ist es nicht halb mehr so arg: ich habe Ihr Herz gewonnen, o ich weiß es gewiß, welchen Wert ich darauf zu legen habe. Meine Tätigkeit wird sich wieder vermehren, und – hier verspreche ich es Ihnen hoch und teuer – in kurzer Zeit werde ich meiner und Ihrer würdiger dastehen. – O mögen Sie doch einen Wert darauf legen, durch Ihre Liebe meine Glückseligkeit zu gründen – zu vermehren – o geliebte J.!

Nicht der Hang zum andern Geschlecht zieht mich zu Ihnen; nein, nur Sie, Ihr ganzes Ich mit allen Ihren Eigenheiten haben meine Achtung – alle meine Gefühle – mein ganzes Empfindungsvermögen – an Sie gefesselt. – Als ich zu Ihnen kam, war ich in der festen Entschlossenheit, auch nicht einen Funken Liebe in mir keimen zu lassen. Sie haben mich aber überwunden. – Ob Sie das wollten – oder nicht wollten? – Diese Frage könnte mir J. wohl einmal auflösen. – Ach Himmel, was möchte ich Ihnen noch alles sagen! – Wie ich an Sie denke – was ich für Sie fühle – aber wie schwach, wie armselig diese Sprache – wenigstens die meinige!

Lange – lange Dauer möge unsrer Liebe werden! Sie ist so edel – so sehr auf wechselseitige Achtung und Freundschaft gegründet. Selbst die große Ähnlichkeit in so manchen Sachen, im Denken und Empfinden – oh, sie lassen mich

BEETHOVEN IM JAHRE 1803

Miniatur auf Elfenbein von Chr. Horneman

hoffen, daß Ihr Herz lange für mich schlagen werde. Das meinige kann nur aufhören für Sie zu schlagen, wenn es gar nicht mehr schlägt. – Geliebte J., leben Sie wohl! Ich hoffe aber auch, daß Sie durch mich ein wenig glücklich werden – sonst wäre ich ja – eigennützig.

Die späteren, bis ins Jahr 1807 reichenden Briefe Beethovens an Josephine atmen nicht die gleiche Glut wie der oben wiedergegebene und die zu ihm parallele Aufzeichnung; sie sind aber, vor allem in den Anreden und Schlußwendungen, vertraulicher gehalten als die früheren; in einem findet sich sogar am Schluß der Übergang zum Du: «Leb' wohl Engel – meines Herzens – meines Lebens!»

Daß Josephine ihren Gefühlen viel mehr Zwang auferlegte als Beethoven den seinen, geht schon aus dem Umstand hervor, daß sie ihre Briefe an ihn sorgsam konzipierte, ehe sie sie in Reinschrift absandte. Sehr charakteristisch ist in dieser Beziehung der folgende Entwurf, der wohl aus der Zeit unmittelbar nach den obigen Äußerungen Beethovens stammen dürfte:

Der nähere Umgang mit Ihnen, lieber Beethoven, diese Wintermonate (1805 oder 1806) hindurch, ließ Eindrücke in meinem Gemüt zurück, die keine Zeit – keine Gegenstände – tilgen werden. – Ob sie froh oder trauernd sind – mögen Sie sich selbst sagen. Auch, was Sie – in dieser Hinsicht – dabei vermindern oder vermehren konnten. – Meine ohnedies für Sie enthusiastische Seele, noch ehe ich Sie persönlich kannte, erhielt durch Ihre Zuneigung Nahrung. Ein Gefühl, das tief in meiner Seele liegt und keines Ausdrucks fähig ist, machte mich Sie lieben; noch ehe ich Sie kannte, machte Ihre Musik mich für Sie enthusiastisch. – Die Güte Ihres Charakters, Ihre Zuneigung vermehrte es. – Dieser Vorzug hätte der schönste Schmuck meines Lebens sein können, liebten Sie mich minder sinnlich. – Daß ich diese sinnliche Liebe nicht befriedigen kann, zürnen Sie auf mich. – Ich müßte heilige Bande verletzen, gäbe ich Ihrem Verlangen Gehör. – Glauben Sie, daß ich, durch Erfüllung meiner Pflichten, am meisten leide, und daß gewiß edle Beweggründe meine Handlungen leiteten.

Nach dem Zeugnis ihrer Schwester Therese, die selbst Beethoven innig zugetan war, waren die «heiligen Bande», die Josephine nicht verletzen wollte, ihre vier Kinder, denen zuliebe sie auch 1810 die Ehe mit Graf Stackelberg einging, die sie für ihr ganzes weiteres Leben unglücklich machte. – Am 12. Juli 1817 schrieb Therese in ihr Tagebuch: «Ob Josephine nicht Strafe leidet wegen Luigis Weh? – Seine Gattin! Was hätte sie nicht aus diesem Heros gemacht!» – Und rückblickend notierte sie am 4. Februar 1846: «Beethoven! Ist es doch wie ein Traum, daß er der Freund, der Vertraute unseres Hauses war! – Ein herrlicher Geist! – Warum nahm ihn meine Schwester J. nicht zum Gemahl als Witwe Deym? Sie wäre glücklicher geworden als mit St. – Mutterliebe bestimmte sie, auf eigenes Glück zu verzichten.»

Die neuere Beethoven-Forschung hat es ziemlich wahrscheinlich gemacht, daß der in Beethovens Nachlaß gefundene «Brief an die unsterbliche Geliebte» an Josephine gerichtet war und im Sommer 1812 von Teplitz aus an sie geschrieben wurde. Obwohl das Rätsel kaum jemals restlose Aufklärung finden wird, erscheint die Einreihung des für die Kenntnis von Beethovens Gefühlsleben so wichtigen Dokuments an dieser Stelle am zweckmäßigsten:

Am 6. Juli morgens.

Mein Engel, mein Alles, mein Ich!

Nur einige Worte heute, und zwar mit Bleistift (mit Deinem). Erst bis morgen ist meine Wohnung sicher bestimmt. Welcher nichtswürdiger Zeitverderb ist dergleichen!

Warum dieser tiefe Gram, wo die Notwendigkeit spricht? – Kann unsere Liebe anders bestehn als durch Aufopferungen, durch nicht alles verlangen? – Kannst Du es ändern, daß Du nicht ganz mein, ich nicht ganz Dein bin? – Ach Gott! Blick in die schöne Natur und beruhige Dein Gemüt über das Müssende! – Die Liebe fordert alles, und ganz mit Recht. So ist es mir mit Dir, Dir mit mir! – Nur vergißt Du so leicht, daß ich für mich und für Dich leben muß. – Wären wir ganz vereinigt, Du würdest dieses Schmerzliche ebensowenig als ich empfinden.

Meine Reise war schrecklich: Ich kam erst morgens 4 Uhr gestern hier an. Da es an Pferden mangelte, wählte die Post eine andere Reiseroute, aber welch ein schrecklicher Weg! Auf der vorletzten Station warnte man mich, bei Nacht zu fahren, machte mich einen Wald fürchten; aber das reizte mich nur. – Und ich hatte Unrecht. Der Wagen mußte bei dem schrecklichen Wege brechen, grundlos, bloßer Landweg. Ohne solche Postillione, wie ich hatte, wäre ich liegen geblieben unterwegs. – Esterhazy hatte auf dem andern gewöhnlichen Wege hierhin dasselbe Schicksal mit acht Pferden was ich mit vier. – Jedoch hatte ich zum Teil wieder Vergnügen, wie immer, wenn ich was glücklich überstehe.

Nun geschwind zum Innern vom Äußern! Wir werden uns wohl bald sehen. Auch heute kann ich Dir meine Bemerkungen nicht mitteilen, welche ich während dieser einigen Tage über mein Leben machte. – Wären unsere Herzen immer dicht aneinander, ich machte wohl keine dergleichen. Die Brust ist voll, Dir viel zu sagen – ach! – Es gibt Momente, wo ich finde, daß die Sprache noch gar nichts ist.

Erheitere Dich! – Bleibe mein treuer, einziger Schatz, mein Alles, wie ich Dir! – Das Übrige müssen die Götter schicken, was für uns sein muß und sein soll.

Dein treuer
Ludwig.

*

Abends montags am 6. Juli.

Du leidest, Du mein teuerstes Wesen! – Eben jetzt nehme ich wahr, daß die Briefe in aller Frühe aufgegeben werden müssen. Montags – donnerstags – die einzigen Tage, wo die Post von hier nach K. geht.

Du leidest! – Ach, wo ich bin, bist auch Du mit mir! Mit mir und Dir werde ich machen, daß ich mit Dir leben kann. – Welches Leben!!! So!!! ohne Dich! – Verfolgt von der Güte der Menschen hier und da, die ich meine ebensowenig verdienen zu wollen, als sie zu verdienen. – Demut des Menschen gegen den Menschen – sie schmerzt mich. – Und wenn ich mich im Zusammenhang des Universums betrachte, was bin ich, und was ist der, den man den Größten nennt? – Und doch – ist wieder hierin das Göttliche des Menschen.

Ich weine, wenn ich denke, daß Du erst wahrscheinlich Sonnabends die erste Nachricht von mir erhältst. – Wie Du mich auch liebst – stärker liebe ich Dich doch! – Doch nie verberge Dich vor mir! – Gute Nacht! – Als Badender muß ich schlafen gehen. – Ach Gott! – So nah! So weit! Ist es nicht ein wahres Himmelsgebäude, unsre Liebe? – Aber auch so fest wie die Feste des Himmels!

*

Guten Morgen am 7. Juli!

Schon im Bette drängen sich die Ideen zu Dir, meine unsterbliche Geliebte! Hier und da freudig, dann wieder traurig, vom Schicksal abwartend, ob es uns erhört.

Leben kann ich entweder nur ganz mit Dir oder gar nicht. Ja, ich habe beschlossen, in der Ferne so lange herum zu irren, bis ich in Deine Arme fliegen kann und mich ganz heimatlich bei Dir nennen kann, meine Seele von Dir umgeben ins Reich der Geister schicken kann. – Ja leider muß es sein! – Du wirst Dich fassen, um so mehr da Du meine Treue gegen Dich kennst. Nie eine andre kann mein Herz besitzen! Nie! Nie! – O Gott! Warum sich entfernen müssen, was man so liebt? – Und doch ist mein Leben in W. so wie jetzt ein kümmerliches Leben. – Deine Liebe machte mich zum Glücklichsten und Unglücklichsten zugleich! – In meinen Jahren jetzt bedürfte ich einiger Einförmigkeit, Gleichheit des Lebens. – Kann diese bei unserm Verhältnisse bestehen?

Engel! Eben erfahre ich, daß die Post alle Tage abgeht, und ich muß daher schließen, damit Du den Brief gleich erhältst. – Sei ruhig! Nur durch ruhiges Beschauen unsres Daseins können wir unsern Zweck, zusammen zu leben, erreichen. – Sei ruhig! – Liebe mich! – Heute – gestern – welche Sehnsucht mit Tränen nach Dir – Dir – Dir! – Mein Leben! – Mein Alles! – Leb wohl! – O liebe mich fort! – Verkenne nie das treueste Herz

Deines Geliebten
L.

Ewig Dein!
Ewig mein!
Ewig uns!

Erst auf dem Wege nach dem Palais (des Fürsten Lichnowsky) teilte mir Mayer mit, daß wir Beethoven dort im Kreise seiner nächsten Freunde finden und seine durchgefallene Oper «Leonore» mit den übrigen beteiligten Bühnenmitgliedern nochmals zu einer kritischen Aufführung bringen würden, um den Meister selbst von der Notwendigkeit einer Umarbeitung zu überzeugen. – Da Beethoven für das Scheitern seiner Oper allein dem früheren Tenoristen (Josef Demmer) schuld gab, so sollte ich, zu dessen Stimme er mehr Vertrauen habe, bei dieser Soloaufführung die Partie des Florestan vom Blatte singen. Dabei hätte ich ebensosehr wie Mayer und die übrigen Mitglieder fortwährend die nötigen Kürzungen und Abänderungen und zuletzt die Verschmelzung der ersten beiden Akte unter inständigen Bitten dem Meister vorzutragen.

Mir graute vor dem Auftrage, die schwierige Partie des Florestan vor dem ebenso schwer zu befriedigenden wie leidenschaftlichen Komponisten vom Blatt zu singen, obgleich ich dieselbe von meinem früheren Lehrer und jetzigen Rivalen oft gehört und teilweise schon bei ihm studiert hatte. Ebensosehr graute mir vor den Bühnenränken des gekränkten Tenoristen, dessen Nachfolger ich mit diesem Schritte werden sollte, und ich wäre am liebsten wieder umgekehrt, wenn mich nicht Mayer fest am Arme gehalten und förmlich weitergeschleppt hätte.

So traten wir ein in das fürstliche Palais und stiegen die glänzend erleuchteten Treppen hinan, auf denen uns mehrere Livreebediente mit geleerten Teebrettern entgegenkamen. Mein Begleiter, der die Sitte des Hauses kannte, machte dazu ein höchst verdrießliches Gesicht und murmelte: «Der Tee ist vorüber! Ich fürchte, daß Ihr Zögern unsre Magen in eine sehr empfindliche Lage gebracht haben wird.»

Wir wurden in den mit kerzenreichen Armleuchtern und schweren seidenen Draperien ausgestatteten Musiksaal geführt, an dessen Wänden farbenprächtige Ölgemälde der größten Meister in ihren breiten, blitzenden Goldrahmen ebenso von dem hohen Kunstsinn wie dem Reichtum der fürstlichen Familie zeugten. Man schien uns schon erwartet zu haben; denn Mayer hatte recht gehabt: der Tee war vorüber, und alles war zum Beginn der Musikaufführung bereit.

Die Fürstin (Marie Christine Lichnowsky, geborene Gräfin Thun), eine ältere Dame von gewinnender Freundlichkeit und unbeschreiblicher Milde, aber infolge großer körperlicher Leiden (beide Brüste waren ihr in früherer Zeit abgenommen worden) bleich und schwächlich, saß bereits am Klavier. Ihr gegenüber, nachlässig in einem

Lehnstuhl, Beethoven, die dicke Pandora-Partitur seiner unglücksreichen Oper auf den Knieen. Zu seiner Rechten sahen wir den Dichter der Tragödie «Coriolanus», Hofsekretär Heinrich von Collin, der mit dem intimsten Jugendfreunde des Komponisten, dem Hofrat Breuning aus Bonn, plauderte.

Meine Kollegen und Kolleginnen von der Oper, welche die Stimmen schon in der Hand hielten, hatten in einem Halbkreise unweit des Flügels Platz genommen: es war wieder die Milder als Fidelio, Mademoiselle Müller als Marzelline, Weinmüller als Rocco, Caché als Pförtner Jaquino und Steinkopf als Minister. (Sebastian Mayer, ein Schwager Mozarts, sang den Pizarro.) Nachdem ich dem Fürsten und der Fürstin vorgestellt worden war und Beethoven unsere ehrfurchtsvolle Begrüßung entgegengenommen hatte, legte er seine Partitur der Fürstin auf das Notenpult, und die Aufführung begann.

Die ersten beiden Akte, in denen ich nicht mitzuwirken hatte, wurden von der ersten bis zur letzten Note durchgenommen; man sah nach der Uhr und bestürmte Beethoven, einzelne zu lang ausgesponnene Partien von untergeordneter Bedeutung wegfallen zu lassen. – Der aber verteidigte jeden Takt, und dies zwar mit einer Hoheit und Künstlerwürde, daß ich ihm hätte zu Füßen sinken mögen. – Als man aber auf die Hauptsache selbst kam, auf die bedeutenden Kürzungen in der Exposition und die dadurch ermöglichte Verschmelzung der ersten beiden Akte zu einem, geriet er außer sich, schrie in einemfort: «Nicht eine Note!», und wollte mit der Partitur hinwegrennen. – Die Fürstin aber legte ihre Hände, wie zum Gebet gefaltet, auf das ihr anvertraute Heiligtum, blickte mit unbeschreiblicher Milde zu dem erzürnten Genius empor – und siehe! sein Zorn schmolz an ihren Blicken, und resigniert nahm er seinen Platz wieder ein.

Die hohe Frau befahl fortzufahren und präludierte zu meiner großen Arie «In des Lebens Frühlingstagen». Ich erbat mir daher von Beethoven die Florestan-Stimme. Allein, mein unglücklicher Vorgänger hatte sie trotz mehrmaliger Aufforderung nicht herausgegeben, und so wurde ich angewiesen, von der Partitur, aus welcher die Fürstin begleitete, am Klavier abzusingen. – Ich wußte, daß diese große Arie für Beethoven so viel galt wie die ganze Oper, und so behandelte ich sie auch. Wieder und immer wieder wollte er sie hören; fast überstieg die Anstrengung meine Kräfte, aber ich sang sie, denn ich fühlte mich zu glücklich, als ich merkte, daß mein Vortrag den großen Meister mit seinem verkannten Werk auszusöhnen vermochte.

Mitternacht war vorüber, als die Aufführung, durch vielfache Wiederholungen verlängert, endlich beendet war. – «Und die Umarbeitung, die

Kürzung?», frug die Fürstin den Meister mit einem flehenden Blick. – «Verlangen Sie das nicht!», antwortete dieser düster, «Nicht eine Note darf fehlen!» – «Beethoven!», rief sie mit einem tiefen Seufzer, «so soll Ihr großes Werk verkannt und geschmäht bleiben?» – «Es ist belohnt genug durch Ihren Beifall, gnädigste Fürstin!», sprach der Meister, und seine Hand glitt zitternd aus der ihrigen.

Plötzlich aber war es, als ob die zarte Frau ein stärkerer, mächtigerer Geist erfaßte; halb kniend und ihn mit ihren Armen umfangend, rief sie ihm begeistert zu: «Beethoven! Nein! – So darf Ihr größtes Werk, so dürfen Sie selbst nicht untergehen! Das will Gott nicht, der die Klänge reinster Schönheit in Ihre Seele gelegt! – Das will der Geist Ihrer Mutter nicht, der in diesem Augenblick durch mich mahnend zu Ihnen fleht! – Beethoven, es muß sein! Geben Sie nach! Tun Sie's zum Gedächtnis an Ihre Mutter! Tun Sie's für mich, für Ihre einzige, Ihre treueste Freundin!»

Der große Mann mit dem an olympische Erhabenheit mahnenden Haupte stand lange vor der engelsbleichen Verehrerin seiner Muse. Dann strich er mit seiner Hand das lang herabwallende Lockenhaar aus dem Gesicht, als ob ein schöner Traum durch seine Seele zöge. Und den Blick voll Rührung gen Himmel gerichtet, rief er schluchzend: «Ich will's – will alles – alles tun – für Sie – für meine Mutter!» – Dabei zog er die Fürstin mit

Ehrfurcht zu sich empor und reichte die Hand dem Fürsten wie zum Gelöbnis. – Wir aber umstanden die Gruppe mit ernster Rührung, denn wir alle fühlten schon damals die Bedeutung des großen Augenblicks.

Es wurde von diesem Moment an kein Wort mehr von der Oper gesprochen. Alle waren erschöpft, und ich kann wohl sagen, daß ich mit Mayer einen durchaus nicht schwer verständlichen Erlösungsblick wechselte, als Bediente die weiten Flügeltüren des Speisesaales öffneten und die Gesellschaft sich endlich dort an reichbesetzten Tafeln niederließ, um das Souper einzunehmen.

Wahrscheinlich nicht ganz zufällig mußte ich Beethoven gegenüber sitzen, der, im Geiste wohl noch bei seiner Oper verweilend, auffällig wenig aß, während ich, vom ärgsten Hunger gequält, den ersten Gang mit einer ans Komische grenzenden Hast verschlungen hatte. – Lächelnd zeigte er auf meinen leeren Teller: «Sie haben ja die Speise verschlungen wie ein Wolf! Was haben Sie denn gegessen?» – «Ich hatte so viel Hunger», antwortete ich, «daß ich in der Tat nicht achtgab, was ich aß.» – «Darum haben Sie auch vorhin die Florestan-Partie, den Mann im Hungerturm so meisterhaft und mit so viel Naturtreue wiedergegeben; das Verdienst trifft also weder Ihre Stimme noch Ihren Kopf, sondern lediglich Ihren Magen. – Nun, so hungern Sie nur immer recht brav vor der Vorstellung, dann wird uns der Erfolg nicht fehlen!» – Alles an der Tafel lachte und freute sich wohl mehr darüber, daß Beethoven überhaupt wieder einen Scherz gemacht, als über den letzteren selbst.

Joseph August Röckel

Nach seinen 1868 in der «Gartenlaube» abgedruckten Erinnerungen. – Die Wiederaufnahme der «Leonore», in der Röckel (1783 bis 1870) den Florestan sang, fand am 10. April 1806 im Theater an der Wien statt. Auch die umgearbeitete und gekürzte Fassung der Oper hatte nur geringen Erfolg.

«ICH SCHREIBE NICHT FÜR DIE MENGE!»

Wir staunten alle über die Arbeitskraft Beethovens, der in so kurzer Zeit die Umgestaltung seines genialen Werkes vollendet hatte, daß wir es bereits am 10. April 1806, also kaum fünf Monate nach seiner ersten kurzen Bühnenexistenz, wiederum im «Theater an der Wien», diesmal aber vor einem behaglicheren, «wienerischen» Publikum zur Aufführung brachten.

Dem Komponisten war von der Direktion Tantième, mir, weil ich die eigentlich außer meinem bisherigen Spielfache liegende große Partie des Florestan so bereitwillig übernommen hatte, ein Extrahonorar zugesichert. – Beethoven zankte vor Beginn der Oper heftig mit dem Direktor, weil man sein Werk, dem er abermals ausdrücklich den Namen «Fidelio» gegeben, wieder aus Geschäftsrücksichten auf dem Theaterzettel unter dem alten, von der Paërschen Oper her bekannten Namen «Leonore» aufgeführt hatte.

Wir gaben uns alle mögliche Mühe, dem Werke Erfolg zu verschaffen, und wenn dies nicht gleich beim ersten Male vollständig gelang, so war bei der zweiten und dritten Wiederholung das Theater bedeutend mehr besucht, und selbst die Kritik ließ dem Werke jetzt einige, wenn auch nicht alle Gerechtigkeit widerfahren.

Ja, es hatte besser gefallen; aber immer noch nicht in dem Maße, wie ein über alles bisher Gehörte sich so weit erhebendes Kunstwerk gefallen mußte. – Das sahen wir an dem immer noch nicht ganz gefüllten Hause ebenso wie Beethoven an seiner Tantième, über deren geringen Ertrag er sich gerade beim Hofbankier Braun beschwerte, als ich am Tage nach der dritten Vorstellung mein Spielhonorar bei letzterem in Empfang nehmen wollte.

Während ich nämlich im Vorzimmer zum Geschäftsbureau des Barons zufällig warten mußte, hörte ich einem heftigen Streite zu, den derselbe im Nebenzimmer mit dem erzürnten Komponisten hatte. – Beethoven war mißtrauisch und glaubte seinen Anteil am Reingewinn größer, als ihm der Hofbankier, welcher gleichzeitig das «Theater an der Wien» leitete, ausbezahlt hatte. Dieser aber bemerkte, daß Beethoven der erste Komponist sei, den die Direktion in Anerkennung seiner außerordentlichen Verdienste mit in Teilung gehen ließ, und erklärte ihm den Ausfall der Kasse dadurch, daß wohl die Logen und Sperrsitze alle besetzt gewesen wären, nicht aber die Plätze, in welchen des Volkes dicht gedrängte Massen eine Einnahme wie bei den Mozartschen Opern ergeben hätten, wobei er betonte, daß Beethovens Musik bis jetzt sich nur bei den gebildeten Ständen Eingang verschafft, während Mozart mit seinen Opern jedesmal gleich das ganze Volk, die Menge begeistert hätte.

Beethoven rannte aufgebracht durch das Zimmer und schrie laut: «Ich schreibe nicht für die Menge – ich schreibe für die Gebildeten!» – «Diese allein füllen uns aber nicht das Theater», versetzte der Baron wieder mit Ruhe, «zu unseren Einnahmen brauchen wir die Menge, und Sie haben sich, da Sie in Ihrer Musik dieser einmal keine Konzessionen machen wollten, die geringere Tantième somit selbst zuzuschreiben. Hätten wir Mozart einen gleichen Anteil von dem Ertrage seiner Opern ausgezahlt, er würde reich geworden sein.»

Dieser nachteilige Vergleich mit seinem berühmten Vorgänger schien Beethoven auf das empfindlichste zu berühren. Ohne ein Wort weiter darauf zu antworten, sprang er auf und rief in heftigstem Zorn: «Geben Sie mir meine Partitur zurück!... Ich will meine Partitur – auf der Stelle meine Partitur!» – Der Baron zog die Glocke: ein Diener trat ein. – «Die Partitur der gestrigen Oper für diesen Herrn!», sagte der Baron vornehm, und der Bediente holte dieselbe schleunigst herbei. – «Es tut mir leid», fuhr hierauf der Kavalier fort, «allein ich denke, daß Sie bei ruhigerer Überlegung...»

Beethoven hörte jedoch diese Worte nicht mehr: er hatte den riesenhaften Band dem Diener aus der Hand gerissen und rannte damit, ohne mich im Eifer zu bemerken, durch das Vorzimmer und die Treppe hinab.

Als der Baron mich wenige Minuten darauf empfing, konnte der ernste Mann ein leises Beben nicht verbergen. Er schien zu fühlen, welch einen kostbaren Schatz er aus der Hand gegeben hatte. Verstimmt sprach er zu mir: «Beethoven war gereizt und übereilt. Sie haben Einfluß auf ihn: bieten Sie alles auf – machen Sie ihm jede Versprechung in meinem Namen –, unserer Bühne sein Werk zu erhalten!»

Ich beurlaubte mich und eilte dem zürnenden Meister nach in sein Tuskulum. Allein, umsonst! Er wollte kein Wort der Beruhigung hören.

Joseph August Röckel

Nach seinen «Erinnerungen» vom Jahre 1868.

BEETHOVEN UM DAS JAHR 1808

Bleistiftzeichnung von Ludwig Schnorr von Carolsfeld

Unterzeichneter darf sich zwar schmeicheln, während der Zeit seines bisherigen Aufenthaltes in Wien sich sowohl bei dem hohen Adel als auch bei dem übrigen Publikum einige Gunst und Beifall erworben, wie auch eine ehrenvolle Aufnahme seiner Werke im In- und Auslande gefunden zu haben. – Bei all dem hatte er mit Schwierigkeiten aller Art zu kämpfen und war bisher nicht so glücklich, sich hier eine Lage zu begründen, die seinem Wunsche, ganz der Kunst zu leben, seine Talente zu noch höherem Grade der Vollkommenheit, die das Ziel eines jeden wahren Künstlers sein muß, zu entwickeln und die bisher bloß zufälligen Vorteile für eine unabhängige Zukunft zu sichern, entsprochen hätte.

Da überhaupt dem Unterzeichneten von jeher nicht so sehr Broterwerb als vielmehr das Interesse der Kunst, die Veredelung des Geschmacks und der Schwung seines Genius nach höheren Idealen und nach Vollendung zum Leitfaden auf seiner Bahn diente, so konnte es nicht fehlen, daß er oft den Gewinn und seine Vorteile der Muse zum Opfer brachte. Nichtsdestoweniger erwarben ihm Werke dieser Art einen Ruf im fernen Auslande, der ihm an mehreren ansehnlichen Orten die günstigste Aufnahme und ein seinen

Talenten und Kenntnissen angemessenes Los verbürgt.

Demungeachtet kann Unterzeichneter nicht verhehlen, daß die vielen hier vollbrachten Jahre, die unter Hohen und Niederen genossene Gunst und Beifall, der Wunsch, jene Erwartungen, die er bisher zu erregen das Glück hatte, ganz in Erfüllung zu bringen, und er darf es sagen, auch der Patriotismus eines Deutschen ihm den hiesigen Ort gegen jeden anderen schätzungs- und wünschenswerter machen.

Er kann daher nicht umhin, ehe er seinen Entschluß, diesen ihm werten Aufenthalt zu verlassen, in Erfüllung setzt, dem Winke zu folgen, den ihm Seine Durchlaucht, der regierende Herr Fürst von Lobkowitz, zu geben die Güte hatte, indem er äußerte, eine löbliche Theatraldirektion wäre nicht abgeneigt, den Unterzeichneten unter angemessenen Bedingungen für den Dienst der ihr unterstehenden Theater zu engagieren und dessen ferneren Aufenthalt mit einer anständigen, der Ausübung seiner Talente günstigeren Existenz zu fixieren. Da diese Äußerung mit des Unterzeichneten Wünschen vollkommen übereinstimmt, so nimmt sich derselbe die Freiheit, sowohl seine Bereitwilligkeit zu diesem Engagement als auch folgende Bedingungen zur beliebigen Annahme der löblichen Direktion geziemendst vorzulegen:

1. Macht sich derselbe anheischig und verbindlich, jährlich wenigstens eine große Oper, die gemeinschaftlich durch die löbliche Direktion und durch den Unterzeichneten gewählt würde, zu komponieren; dagegen verlangt er eine fixe Besoldung von jährlich 2400 Gulden nebst der freien Einnahme zu seinem Vorteile bei der dritten Vorstellung jeder solcher Oper.

2. Macht sich derselbe anheischig, jährlich eine kleine Operette oder ein Divertissement, Chöre oder Gelegenheitsstücke nach Verlangen und Bedarf der löblichen Direktion unentgeltlich zu liefern; doch hegt er das Zutrauen, daß die löbliche Direktion keinen Anstand nehmen werde, ihm für derlei besondere Arbeiten ebenfalls einen Tag im Jahre zu einer Benefiz-Akademie in einem der Theatergebäude zu gewähren.

Wenn man bedenkt, welchen Kraft- und Zeitaufwand die Verfertigung einer Oper fordert, da sie jede andere Geistesanstrengung schlechterdings ausschließt; wenn man ferner bedenkt, wie in anderen Orten, wo dem Autor und seiner Familie ein Anteil an der jedesmaligen Einnahme jeder Vorstellung zugestanden wird, ein einziges gelungenes Werk das ganze Glück des Autors auf einmal begründet; wenn man ferner bedenkt, wie wenig Vorteil der nachteilige Geldkurs und die hohen Preise aller Bedürfnisse dem hiesigen Künstler, dem übrigens auch das Ausland offensteht, gewähret, so kann man obige Bedingungen gewiß nicht übertrieben oder unmäßig finden...

Ludwig van Beethoven

Im Dezember 1806 an die Kaiserlich-Königliche Hof-Theatraldirektion in Wien.

EINE MISSLUNGENE EINLADUNG

Wien, am 4. März 1807.

Meine liebe, verehrte Marie!
Das Wetter ist so göttlich schön – und wer weiß, ob's morgen so ist? Ich schlage Ihnen daher vor, Sie gegen 12 Uhr heute mittags zu einer Spazierfahrt abzuholen. Da Bigot vermutlich schon aus ist, so können wir ihn freilich nicht mitnehmen – aber deswegen es ganz unterlassen, das fordert Bigot selbst gewiß nicht. – Nur die Vormittage sind jetzt am schönsten. Warum den Augenblick nicht ergreifen, da er so schnell verfliegt?

Es wäre der so aufgeklärten und gebildeten Marie ganz entgegen, wenn sie bloßen Skrupeln zu Gefallen mir das größte Vergnügen rauben wollte. Oh, was für Ursachen Sie auch anführen werden, wenn Sie meinen Vorschlag nicht annehmen, so werde ich es nichts anderem als dem wenigen Zutrauen, was Sie in meinen Charakter setzen, zuschreiben – und werde nie glauben, daß Sie wahre Freundschaft für mich hegen.

Caroline wickeln Sie ein in Windeln von Kopf bis zu Füßen, damit ihr nichts geschehe.

Antworten Sie mir, meine liebe Marie, ob Sie können. – Ich frage nicht, ob Sie wollen, weil das letztere nur von mir zu meinem Nachteile wird erklärt werden. – Schreiben Sie also nur in zwei Worten: ja oder nein! – Leben Sie wohl und machen Sie, daß mir das eigennützige Vergnügen gewährt wird, mit zween Personen, an denen ich so viel teilnehme, den frohen Genuß der heiteren, schönen Natur teilen zu können.

*

Einige Tage später.

Liebe Marie, lieber Bigot!
Nicht anders als mit dem innigsten Bedauern muß ich wahrnehmen, daß die reinsten und unschuldigsten Gefühle oft verkannt werden können. – Wie Sie mir auch liebevoll begegnet sind, so habe ich nie daran gedacht, es anders auszulegen, als daß Sie mir Ihre Freundschaft schenken. – Sie müssen mich sehr eitel und kleinlich glauben, wenn Sie voraussetzen, daß das Zuvorkommen selbst einer so vortrefflichen Person, wie Sie sind, mich glauben machen sollte, daß ich gleich Ihre Neigung gewonnen.

Ohnedem ist es einer meiner ersten Grundsätze, nie in einem anderen als freundschaftlichen Verhältnis mit der Gattin eines anderen zu stehen; nicht möchte ich durch so ein Verhältnis meine Brust mit Mißtrauen gegen diejenige, welche vielleicht mein Geschick einst mit mir teilen wird, anfüllen – und so das schönste reinste Leben mir selbst verderben.

Es ist vielleicht möglich, daß ich einige Mal nicht fein genug mit Bigot gescherzt habe. Ich habe Ihnen ja selbst gesagt, daß ich zuweilen sehr ungezogen bin. – Ich bin mit allen meinen Freunden äußerst natürlich und hasse allen Zwang. Bigot zähle ich nun auch darunter; wenn ihn etwas verdrießt von mir, so fordert es die Freundschaft von ihm und Ihnen, daß Sie mir solches sagen, und ich werde mich gewiß hüten, ihm wieder wehe zu tun. Aber wie kann die gute Marie meinen Handlungen je eine böse Deutung geben?

Was meine Einladung zum Spazierenfahren mit Ihnen und Caroline angeht, so war es natürlich, daß ich, da tags zuvor Bigot sich dagegen auflehnte, daß Sie allein mit mir fahren sollten, ich glauben mußte, Sie beide fänden es vielleicht nicht schicklich oder anstößig. – Und als ich Ihnen schrieb, wollte ich Ihnen nichts anderes als begreiflich machen, daß ich nichts dabei fände. Wenn ich nun noch erklärte, daß ich großen Wert darauf legte, daß Sie es mir nicht abschlagen sollten, so geschah dies nur, damit ich Sie bewegen möchte, des herrlichen schönen Tages zu genießen. Ich hatte Ihr und Carolinens Vergnügen immer mehr im Sinn als das meinige, und ich glaubte Sie auf diese Art, wenn ich Mißtrauen von Ihrer Seite oder eine abschlägige Antwort als wahre Beleidigung für mich erklärte, fast zu zwingen, meinem Bitten nachzugeben.

Es verdient wohl, daß Sie darüber nachdenken, wie Sie mir es wieder gutmachen werden, daß Sie mir diesen heiteren Tag – sowohl meiner Gemütsstimmung wegen, als auch des heiteren Wetters wegen – verdorben haben...

Mir ist wirklich nicht wohl heute und ich kann Sie schwerlich sehen. Meine Empfindlichkeit und meine Einbildungskraft malten mir seit gestern nach den Quartetten immer vor, daß ich Sie leiden gemacht. – Ich ging diese Nacht auf die Redoute, um mich zu zerstreuen; aber vergebens. Überall verfolgte mich Ihr aller Bild, immer sagte ich mir: Sie sind so gut und leiden vielleicht durch dich. – Unmutsvoll eilte ich fort.

Marie Bigot, geborene Kiene (1786–1820), war eine ausgezeichnete Pianistin und Klavierpädagogin. Seit 1804 war sie mit Bigot de Morogues verheiratet, der damals Bibliothekar des Fürsten Rasumowsky war.

Baden bei Wien, 13. Juni 1807.

Lieber Gleichenstein!

Die vorgestrige Nacht hatte ich einen Traum, worin mir vorkam, als seist Du in einem Stall, worin Du von prächtigen Pferden ganz bezaubert und hingerissen warst, so daß Du alles rund um Dich her vergaßest.

Dein Hutkauf ist schlecht ausgefallen. Er hat schon gestern morgen in aller Früh einen Riß gehabt, wie ich hierher bin. Da er zuviel Geld kostet, um gar so erschrecklich angeschmiert zu werden, so mußt Du trachten, daß sie ihn zurücknehmen und Dir einen anderen geben. Du kannst das diesen schlechten Kaufleuten derweil ankündigen. Ich schicke Dir ihn wieder zurück. Das ist gar zu arg.

Mir geht es heut und gestern sehr schlecht. Ich habe erschreckliches Kopfweh. Der Himmel helfe mir nur hiervon. Ich habe ja genug mit einem Übel. – Wenn Du kannst, schicke mir Bahrdt's Übersetzung des Tacitus. – Auf ein andermal mehr. Ich bin so übel, daß ich nur wenig schreiben kann.

Leb wohl und denke an meinen Traum und mich!

An Ignaz von Gleichenstein.

Es werden vielleicht wieder von hier Schimpfschriften über meine letzte musikalische Akademie an die musikalische Zeitung geraten. Ich wünschte eben nicht, daß man das unterdrücke, was gegen mich; jedoch soll man sich nur überzeugen, daß niemand mehr persönliche Feinde hier hat als ich. Dies ist um so begreiflicher, da der Zustand der Musik hier immer schlechter wird. – Wir haben Kapellmeister, die so wenig zu dirigieren wissen, als sie kaum selbst eine Partitur lesen können.

Auf der Wieden (Theater an der Wien) ist es freilich noch am schlechtesten. – Da hatte ich meine Akademie zu geben, wobei mir von allen Seiten der Musik Hindernisse in den Weg gelegt wurden. – Das Witwenkonzert hatte den abscheulichen Streich gemacht, aus Haß gegen mich, worunter Herr Salieri der erste, daß es jeden Musiker, der bei mir spielte und in ihrer Gesellschaft war, bedrohte, auszustoßen.

Unerachtet daß verschiedene Fehler, für die ich nicht konnte, vorgefallen, nahm das Publikum doch alles enthusiastisch auf. – Trotzdem aber werden Skribler von hier gewiß nicht unterlassen, wieder elendes Zeug gegen mich in die musikalische Zeitung zu schicken. – Hauptsächlich waren die Musiker aufgebracht, daß, indem aus Achtlosigkeit bei der einfachsten, plansten Sache von der Welt gefehlt worden war, ich plötzlich stillehalten ließ und laut schrie: «Noch einmal!» – So was war ihnen noch nicht vorgekommen; das Publikum bezeugte hierbei sein Vergnügen. – Es wird aber täglich ärger.

Am 7. Januar 1809 aus Wien an den Verlag Breitkopf & Härtel in Leipzig. – Das Programm der am 22. Dezember 1808 im Theater an der Wien abgehaltenen Akademie enthielt außer einem von Beethoven gespielten Klavierkonzert, einer Arie und Stücken aus der C-Dur-Messe, noch die Erstaufführungen der Fünften und Sechsten Symphonie und der Chorphantasie op. 80.

VERTRAGSENTWURF

Es muß das Bestreben und das Ziel jedes wahren Künstlers sein, sich eine Lage zu erwerben, in welcher er sich ganz mit der Ausarbeitung größerer Werke beschäftigen kann und nicht durch andere Verrichtungen oder ökonomische Rücksichten davon abgehalten wird. Ein Tondichter kann daher keinen lebhafteren Wunsch haben, als sich ungestört der Erfindung größerer Werke zu überlassen und selbe sodann dem Publikum vortragen zu können. Hierbei muß er doch auch seine älteren Tage im Gesicht haben und sich für selbe ein hinreichendes Auskommen zu verschaffen suchen.

Der König von Westfalen hat dem Beethoven einen Gehalt von 600 Dukaten in Gold lebenslänglich und 150 Dukaten Reisegeld gegen die einzige Verbindlichkeit angetragen, bisweilen vor ihm zu spielen und seine Kammerkonzerte zu leiten, welches indessen nicht oft und jedesmal nur kurz zu geschehen hat. Dieser Antrag ist sicher ganz zum Vorteil der Kunst und des Künstlers.

Beethoven hat indessen so viel Vorliebe für den Aufenthalt in dieser Hauptstadt, so viel Dankbarkeit für die vielen Beweise von Wohlwollen, welches er darin erhalten hat, und so viel Patriotismus für sein zweites Vaterland, daß er nie aufhören wird, sich unter die österreichischen Künstler zu zählen, und daß er nie anderwärts seinen Wohnsitz nehmen wird, wenn ihm die gesagten Vorteile hier nur einigermaßen zustatten kommen.

Da ihn hohe und höchste Personen aufgefordert haben, die Bedingungen anzugeben, unter welchen er hier zu bleiben gesonnen wäre, so entspricht er diesem Verlangen mit folgendem:

1. Beethoven müßte von einem großen Herrn die Versicherung eines lebenslänglichen Gehalts erhalten, und wenn auch mehrere hohe Personen zur Summe dieses Gehalts beitrügen. Dieser Gehalt könnte bei der jetzigen Teuerung nicht unter 4000 Gulden jährlich betragen. Beethoven wünschte, daß sich die Geber dieses Gehaltes sodann als die Miturheber seiner neueren größeren Werke betrachteten, weil sie ihn in den Stand setzen, sich

denselben zu widmen, und daß er daher nicht zu anderen Verrichtungen verwendet werde.

2. Beethoven müßte immer die Freiheit behalten, Kunstreisen zu machen, weil er sich nur auf solchen sehr bekannt machen und einiges Vermögen erwerben könne.

3. Sein größtes Verlangen und sein heißester Wunsch wäre es, einst in wirklich kaiserliche Dienste zu kommen und durch den in dieser Stellung zu erwartenden Gehalt einst in den Stand zu kommen, auf den obigen ganz oder zum Teil Verzicht leisten zu können. Einstweilen würde schon der Titel eines Kaiserlichen Kapellmeisters ihn sehr glücklich machen. Könnte ihm dieser erwirkt werden, so wäre ihm der hiesige Aufenthalt noch viel werter. – (Sollte dieser Wunsch einst erfüllt werden und sollte er von Seiner Majestät einen Gehalt erhalten, so wird Beethoven von den obigen 4000 Gulden jährlich so viel zurücklassen, als der kaiserliche Gehalt betragen wird; und sollte dieser auch 4000 Gulden betragen, so würde er ganz auf die obigen 4000 Gulden Verzicht tun.) –

4. Da Beethoven seine neuen größeren Werke auch von Zeit zu Zeit einem größeren Publikum vorzutragen wünscht, so möchte er von der Hoftheaterdirektion für sich und ihre Nachfolger die Versicherung haben, alljährlich den Palmsonntag im Theater an der Wien zur Aufführung einer

Akademie zu seinem Vorteil zu erhalten. Dafür würde sich Beethoven verbinden, jährlich eine Armenakademie zu leiten und zu dirigieren, oder, wenn er dieses nicht tun könnte, zu einer solchen Akademie ein neues Werk von ihm zu liefern.

Wien, im Februar 1809. – Der oben entworfene Vertrag kam am 1. März 1809 zwischen Beethoven einerseits und Erzherzog Rudolph, Fürst Lobkowitz und Fürst Kinsky andererseits zustande.

NACH DEM ABSCHLUSS DES VERTRAGES

Du siehst, mein lieber, guter Gleichenstein, aus Beigefügtem, wie ehrenvoll nun mein Hierbleiben für mich geworden. – Der Titel als Kaiserlicher Kapellmeister kommt auch nach, usw. ... Nun kannst Du mir helfen, eine Frau suchen. Wenn Du dort in Freiburg eine schöne findest, die vielleicht meinen Harmonien einen Seufzer schenkt, doch müßte es keine Elise Bürger sein, so knüpf' im voraus an. – Schön muß Sie aber sein, nichts Nicht-Schönes kann ich lieben – sonst müßte ich mich selbst lieben.

Am 18. März 1809 an Ignaz von Gleichenstein in Wien.

Von Beethovens Improvisationen habe ich wahrscheinlich die gewaltigsten musikalischen Eindrücke meines ganzen Lebens empfangen. Ja, ich möchte behaupten, daß einer, der ihn nie in seinen freien Phantasien hören konnte, die Tiefe und Gewalt seines Genies nur unvollkommen kennt.

Häufig sagte er mir, nachdem er erst einige Akkorde gespielt hatte, in seiner impulsiven Art: «Heute fällt mir nichts ein. Versuchen wir es ein anderes Mal!» – Dann plauderten wir über Philosophie, Religion und Politik und vor allem über den von ihm vergötterten Shakespeare. Dies geschah in einem Sprachwirrwarr, der jeden Zuhörer bestimmt zum Lachen gebracht hätte...

Fühlte Beethoven sich zur Zeit seiner Improvisationen besonders angeregt, so erreichte sein Spiel erhabene Größe. In seiner künstlerischen Begeisterung war er von hinreißender Gewalt und verstand es, dem Instrument die wunderbarsten Melodien und die überraschendsten Harmonien zu entlocken. Ganz seiner genialen Inspiration hingegeben, dachte er nicht – wie es beim schriftlichen Fixieren manchmal der Fall war – daran, gewisse besondere Wirkungen hervorzubringen; solche ergaben sich ganz von selbst, ohne daß er eigens danach suchen mußte.

Sein Spiel war nicht immer ganz korrekt und

auch der von ihm benützte Fingersatz entsprach häufig nicht den Regeln. Darunter hatte die Schönheit des Klanges manchmal zu leiden. – Aber wer dachte in solchen Momenten an technische Vollkommenheit? Man stand ganz im Banne seiner musikalischen Gedanken und gab sich ihnen willenlos hin.

Baron de Trémont

Aus seinem 1892 in Paris veröffentlichten Tagebuch. – Baron de Trémont (1779–1852) war von Ende Mai bis Mitte Juli 1809 als Abgesandter des französischen Staatsrates in Wien und besuchte in dieser Zeit Beethoven häufig.

BÜCHER- UND NOTENWÜNSCHE

Ich danke Ihnen erst jetzt für die mir wirklich schön übersetzten Tragödien des Euripides! Ich habe mir unter den für mich bestimmten Poesien auch aus «Kallirhoë» einiges bezeichnet, das ich in Noten oder Töne zu bringen gedenke; nur möchte ich den Namen des Verfassers oder Übersetzers dieser Tragödie wissen.

Ich habe bei Traeg den «Messias» (von Händel) für mich genommen, als ein Privilegium, welches Sie mir schon mit einiger Tätigkeit hier (bei Ihrem Dasein) zustellten; freilich habe ich's dadurch weiter ausgedehnt. – Ich hatte einige Mal angefangen, wöchentlich eine kleine Singmusik bei mir zu geben, allein der unselige Krieg stellte alles ein. – Zu diesem Zwecke und überhaupt würde mir's lieb sein, wenn Sie mir die meisten Partituren, die Sie haben, wie zum Beispiel Mozarts «Requiem» usw., Haydns Messen, überhaupt alles von Partituren, wie von Haydn, Mozart, Bach, Johann Sebastian Bach, Emanuel usw. nach und nach schickten. Von Emanuel Bachs Klavierwerken habe ich nur einige Sachen, und doch müssen einige jedem wahren Künstler gewiß nicht allein zum hohen Genuß, sondern auch zum Studium dienen, und mein größtes Vergnügen ist es, Werke, die ich nie oder nur selten gesehen, bei einigen wahren Kunstfreunden zu spielen...

Vielleicht könnten Sie mir eine Ausgabe von Goethes und Schillers vollständigen Werken zukommen lassen. Von Ihrem literarischen Reichtum geht so was bei Ihnen ein, und ich schicke Ihnen dann für mancherlei dergleichen etwas, was ausgeht in alle Welt. – Die zwei Dichter sind meine Lieblingsdichter, sowie Ossian, Homer, welchen letzteren ich leider nur in Übersetzungen lesen kann.

Da Sie dieselben – Goethe und Schiller – so bloß nur aus Ihrer literarischen Schatzkammer ausschütten brauchen, so machen Sie mir die größte Freude – NB. wenn Sie sie mir bald schicken – damit, um so mehr, da ich hoffe, den Rest des Sommers noch in irgendeinem glücklichen Landwinkel zubringen zu können...

Noch eins! Es gibt keine Abhandlung, die sobald zu gelehrt für mich wäre. Ohne auch im mindesten Anspruch auf eigentliche Gelehrsamkeit zu machen, habe ich mich doch bestrebt, von Kindheit an, den Sinn der Besseren und Weisen jedes Zeitalters zu fassen. Schande für einen Künstler, der es nicht für Schuldigkeit hält, es hierin wenigstens so weit zu bringen!

Was sagen Sie zu diesem toten Frieden? – Ich erwarte nichts Stetes mehr in diesem Zeitalter. Nur in dem blinden Zufall hat man Gewißheit.

Am 26. Juli, 8. August und 2. November 1809 aus Wien an Breitkopf & Härtel in Leipzig. – Die zu Beginn erwähnte Tragödie «Kallirhoë» ist von Johann August Apel (1771–1816).

AUF SICH SELBST ZURÜCKGEWORFEN

Deine Nachricht stürzte mich aus den Regionen des Glücks wieder tief herab. Wozu denn der Zusatz, Du wolltest mir es sagen lassen, wenn wieder Musik ist? – Bin ich denn gar nichts als Dein Musikus oder der andern? So ist es wenigstens auszulegen.

Ich kann also nur wieder in meinem eigenen Busen einen Anlehnungspunkt suchen, von außen gibt es also gar keinen für mich. – Nein, nichts als Wunden hat die Freundschaft und ihr ähnliche

Gefühle für mich. – So sei es denn! Für Dich armer Beethoven gibt es kein Glück von außen, Du mußt Dir alles in Dir selbst erschaffen: nur in der idealen Welt findest Du Freunde.

Ich bitte Dich, mich zu beruhigen, ob ich selbst den gestrigen Tag verschuldet, oder wenn Du das nicht kannst, so sage mir die Wahrheit! Ich höre sie ebenso gerne, als ich sie sage. Jetzt ist es noch Zeit. Noch können mir Wahrheiten nützen.

Im April 1810 an Ignaz von Gleichenstein. – Ursache des Briefes dürfte ein Vorfall im Hause Malfatti gewesen sein.

LIEBESKUMMER

Seit ein, zwei Jahren hörte ein stilleres, ruhigeres Leben bei mir auf, und ich ward mit Gewalt in das Weltleben gezogen. Noch habe ich kein Resultat dafür gefaßt und vielleicht eher dawider. – Doch auf wen mußten nicht auch die Stürme von außen wirken?

Doch ich wäre glücklich, vielleicht einer der glücklichsten Menschen, wenn nicht der Dämon in meinen Ohren seinen Aufenthalt aufgeschlagen. Hätte ich nicht irgendwo gelesen, der Mensch dürfe nicht freiwillig scheiden von seinem Leben, solange er noch eine gute Tat verrichten kann, längst wär' ich nicht mehr – und zwar durch mich selbst. – Oh, so schön ist das Leben, aber bei mir ist es für immer vergiftet!

Am 2. Mai 1810 aus Wien an Franz Gerhard Wegeler in Koblenz. – Beethoven hatte damals ernstliche Heiratsabsichten. Damit hängt wahrscheinlich auch zusammen daß er in dem gleichen Brief seinen Jugendfreund Wegeler beauftragte, ihm in Bonn einen Taufschein zu besorgen. – Seine Erwählte war vermutlich Therese Malfatti (1792–1851) die Nichte des berühmten Arztes Johann Malfatti (1775–1859) die seine Liebe aber nicht erwiderte. – Beethoven war bei den Malfattis durch seinen Freund Ignaz von Gleichenstein (1778–1828), der der Schwester Theresens den Hof machte, eingeführt worden. Gleichensteins Vermittlung erbat er auch in dem folgenden im Sommer 1810 geschriebenen Brief:

Du lebst auf stiller, ruhiger See oder schon im sicheren Hafen. Des Freundes Not, der sich im Sturm befindet, fühlst Du nicht – oder darfst Du nicht fühlen. – Was wird man im Stern der Venus Urania von mir denken, wie wird man mich beurteilen, ohne mich zu sehen? – Mein Stolz ist so gebeugt; auch unaufgefordert würde ich mit Dir reisen dahin... Wenn Du nur aufrichtiger sein wolltest! Du verhehlst mir gewiß etwas, Du willst mich schonen und erregst mir mehr Wehe in dieser Ungewißheit, als in der noch so fatalen Gewißheit. – Leb wohl! – Kannst Du nicht (morgen früh) kommen, so laß es mich vorher wissen! – Denk und handle für mich! – Dem Papier läßt sich nichts weiter von dem, was in mir vorgeht, anvertrauen.

Es wäre wohl zu viel gebaut auf Sie oder mein Wert zu hoch angesetzt, wenn ich Ihnen zuschriebe: «Die Menschen sind nicht nur zusammen, wenn sie beisammen sind; auch der Entfernte, der Abgeschiedene lebt uns.» – Wer wollte der flüchtigen, alles im Leben leicht behandelnden Therese so etwas zuschreiben?

Vergessen Sie doch ja nicht in Ansehung Ihrer Beschäftigung das Klavier oder überhaupt die Musik im ganzen genommen! Sie haben so schönes Talent dazu, warum es nicht ganz kultivieren? Sie, die für alles Schöne und Gute so viel Gefühl haben, warum wollen Sie dieses nicht verwenden, um in einer so schönen Kunst auch das Vollkommenere zu erkennen, das selbst auf uns immer wieder zurückstrahlt?

Ich lebe sehr einsam und still. Obschon hier oder da mich Lichter aufwecken möchten, so ist doch eine unausfüllbare Lücke, seit sie alle fort sind, in mir entstanden, worüber selbst meine Kunst, die mir sonst so getreu ist, noch keinen Triumph hat erhalten können...

Wie glücklich sind Sie, daß Sie schon so früh aufs Land konnten! Erst am Achten kann ich diese Glückseligkeit genießen. Kindlich freue ich mich darauf. Wie froh bin ich, einmal in Gebüschen, Wäldern, unter Bäumen, Kräutern, Felsen wandeln zu können! Kein Mensch kann das Land so lieben wie ich. Geben doch Wälder, Bäume, Felsen den Widerhall, den der Mensch wünscht.

Im Mai 1810 an Therese von Malfatti. – Der eingangs zitierte Satz ist aus Goethes «Egmont».

«EIN ADLER SAH IN DIE SONNE»

Auch ungesucht gedenken die besseren Menschen sich. So ist es auch der Fall bei Ihnen und mir, werte verehrte Therese. – Noch bin ich Ihnen lieben Dank schuldig für Ihr schönes Bild, und indem ich mich als Schuldner anklage, muß ich sogleich ein Bettler erscheinen, indem ich Sie ersuche, wenn Sie einmal den Genius der Malerei in sich fühlen, mir doch jene kleine Handzeichnung zu erneuern, welche ich so unglücklich war, zu verlieren.

Ein Adler sah in die Sonne, so war's, ich kann's nicht vergessen. – Aber glauben Sie nicht, daß ich mich bei so etwas denke, obschon man mir so etwas schon zugeschrieben. Betrachten doch viele ein Heldenstück mit Vergnügen, ohne auch das mindeste Ähnliche damit zu haben.

Im Januar 1811 aus Wien an Therese von Brunswick in Wittschap (Mähren). – Zitiert nach einer Abschrift, die Therese am 2. Februar 1811 an ihre Schwester Josephine nach Wien sandte.

Ich hätte Beethoven während meinem kurzen Aufenthalt in Wien (Frühjahr 1810) gerne kennenlernen (mögen). Keiner wollte mich zu ihm führen wegen seinem wunderlichen Humor und weil er menschenscheu wäre: ich mußte ihn alleine aufsuchen. – Er hatte dreierlei Wohnungen: in der Stadt, in der Vorstadt und auf dem Land. Ich fand ihn im obersten Stock eines hohen Hauses: im Vorzimmer lag ein Fortepiano an der Erde, daneben eine schlechte Bettstelle mit einem Strohsack und wollener Decke. Der Bediente sagte: «Das ist des Herrn Lager!»

Ich trat ein. Er saß am Klavier. Ich nahte ihm und sagte laut und dicht ins Ohr (denn er war taub): «Ich heiße Brentano.» – Er lächelte, reichte mir die Hand, ohne aufzustehen, und sagte: «Ich hab' eben ein schönes Lied gemacht für Sie.» – Er sang: «Kennst du das Land», nicht schmelzend, nicht weich; hart war die Stimme, über Bildung und Gefälligkeit sich hinausschwingend durch den Schrei der Leidenschaft. – Er fragte: «Nun, wie gefällt es Ihnen?» – Ich nickte. Er sang's noch einmal mit dem Feuer, das durchs Bewußtsein, seine Glut mitzuteilen, angeschürt wird. Dann sah er mich triumphierend an. Er sah, daß meine Augen und Wangen glühten, und sagte naiv: «Aha!» – Nun sang er: «Trocknet nicht, Tränen der ewigen

Liebe! Ach nur dem halbgetrockneten Auge, wie öde, wie tot die Welt ihm erscheint!» – Dann schrieb er den Satz mit Ziffern in eine Schreibtafel, die er in der Tasche trug, und ließ sich's gefallen, daß ich ihm währenddem die verwirrten Haare glattstrich. – Er küßte mir die Hand, und als ich weggehen wollte, ging er mit.

Unterwegs sagte er: «Musik ist das Klima meiner Seele, da blüht sie und schießt nicht bloß ins Kraut, wie die Gedanken anderer, die sich Komponisten nennen. Aber wenige verstehen, welch ein Thron der Leidenschaft jeglicher einzelne Musiksatz ist – und wenige wissen, daß die Leidenschaft selbst der Thron der Musik ist.» – Und so sprach er, als ob ich sein vertrauter Freund sei von Jahren her.

Man war erstaunt, mich mit dem menschenscheuen Beethoven Hand in Hand eintreten zu sehen in eine Gesellschaft von mehr als vierzig Menschen, die bei Tische saßen. Er nahm ohne Umstände Platz, sagte wenig, wohl weil er taub war. Zweimal nahm er seine Schreibtafel aus der Tasche und schrieb ein paar Ziffern hinein. Nach Tisch stieg die ganze Gesellschaft auf den Turm des Hauses, um die Gegend zu übersehen.

Wie alle wieder hinab waren und er und ich allein, da zog er die Tafel hervor, übersah sie, schrieb und strich aus; dann sagte er: «Mein Lied ist fertig!» – Er legte sich ins Fenster und sang es vollends hinaus in die Lüfte. Dann sagte er: «Gelt, das schallt? Es gehört Ihnen, wenn's Ihnen gefällt. Ich hab's für Sie gemacht. Sie haben mich dazu gereizt; ich las es in Ihrem Blick wie geschrieben.»

Solange ich in Wien war, kam er alle Tage. – Eine Dame aus der Gesellschaft, eine der ersten Klavierspielerinnen, trug eine Sonate von ihm vor. Nachdem er eine Weile zugehört hatte, sagte er: «Das ist nichts!» – Er setzte sich selber ans Klavier und trug dieselbe Sonate vor, die übermenschlich zu nennen war.

Bettina Brentano

An den Fürsten Hermann von Pückler-Muskau in den Jahren 1832 bis 1836.

«ICH HABE DIESEN MANN UNENDLICH LIEBGEWONNEN!»

Ich hatte nun viel gehört, wie behutsam man mit Beethoven sein müsse, um ihn nicht scheel zu machen; ich hatte aber sein edles Wesen auf eine ganz andere Art berechnet und nicht geirrt. – In einer Viertelstunde war er mir so gut geworden, daß er nicht von mir lassen konnte, sondern immer neben mir herging, auch mit uns nach Hause ging und zur größten Verwunderung seiner Bekannten den ganzen Tag blieb.

Dieser Mensch hat einen sogenannten Stolz, daß er weder dem Kaiser noch den Herzögen, die ihm eine Pension umsonst geben, zu Gefallen spielt, und in ganz Wien ist es das Seltenste, ihn zu hören. – Auf meine Bitte, daß er spielen möchte, antwortete er: «Nun, warum soll ich denn spielen?» – «Weil ich mein Leben gern mit dem Herrlichsten erfüllen will, und weil Ihr Spiel eine Epoche für dieses Leben sein wird!» sagte ich. – Er versicherte mir, daß er dieses Lob zu verdienen suchen wollte, setzte sich neben das Klavier auf die Ecke eines Stuhls und spielte leise mit einer Hand, als wollte er suchen, den Widerwillen zu überwinden, sich hören zu lassen. – Plötzlich hatte er alle Umgebung vergessen, und seine Seele war ausgedehnt in einem Weltenmeere von Harmonien.

Ich habe diesen Mann unendlich liebgewonnen!

In allem, was seine Kunst anbelangt, ist er so herrschend und wahrhaft, daß kein Künstler sich ihm zu nähern getraut, in seinem übrigen Leben aber so naiv, daß man aus ihm machen kann, was man will.

Er ist durch seine Zerstreuung darüber ordentlich zum Gespött geworden. Man benutzt dies auch so, daß er selten so viel Geld hat, um nur das Notdürftigste anzuschaffen. Freunde und Brüder zehren ihn auf. Seine Kleider sind zerrissen, sein Ansehen ganz zerlumpt, und doch ist seine Erscheinung bedeutend und herrlich. – Dazu kommt noch, daß er sehr harthörig ist und beinahe gar nichts sieht.

Wenn er aber gerade komponiert hat, so ist er ganz taub, und seine Augen sind verwirrt im Blicke auf das Äußere. Das kommt daher, weil die ganze Harmonie sich in seinem Hirne fortbewegt und er nur auf diese seine Sinne richten kann. Das also, was ihn mit der Welt in Verbindung hält (das Gesicht und Gehör), ist ganz abgeschnitten, so daß er in der tiefsten Einsamkeit lebt.

Wenn man zuweilen lange mit ihm spricht und auf eine Antwort wartet, so bricht er plötzlich in Töne aus, zieht sein Notenpapier hervor und schreibt.

Bettina Brentano am 9. Juli 1810 an Alois Bihler.

AN BETTINA BRENTANO

Wien, 10. Februar 1811.

Geliebte, liebe Bettine!
Ich habe schon zwei Briefe von Ihnen und sehe aus Ihrem Brief an die Toni, daß Sie sich meiner, und zwar viel zu vorteilhaft, erinnern.

Ihren ersten Brief habe ich den ganzen Sommer mit mir herumgetragen, und er hat mich oft selig gemacht. Wenn ich Ihnen auch nicht so oft schreibe und Sie gar nichts von mir sehen, so schreibe ich Ihnen doch tausendmal tausend Briefe in Gedanken.

Wie Sie sich in Berlin in Ansehung des Weltgeschmeißes finden, konnte ich mir denken, wenn ich's nicht von Ihnen gelesen hätte: vieles Schwatzen über Kunst ohne Taten!!! Die beste Zeichnung hierüber findet sich in Schillers Gedicht «Die Flüsse», wo die Spree spricht.

Sie heiraten, liebe Freundin, oder es ist schon geschehen, und ich habe Sie nicht einmal zuvor noch sehen können. So ströme denn alles Glück Ihnen und Ihrem Gatten zu, womit die Ehe die Ehelichen segnet!

Was soll ich Ihnen von mir sagen? – «Bedaure mein Geschick!» rufe ich mit der Johanna aus. Rette ich mir noch einige Lebensjahre, so will ich auch dafür, wie für alles übrige Wohl und Wehe, dem alles in sich Fassenden, dem Höchsten danken.

An Goethe, wenn Sie ihm von mir schreiben, suchen Sie alle die Worte aus, die ihm meine innigste Verehrung und Bewunderung ausdrükken. Ich bin eben im Begriffe, ihm selbst zu schreiben wegen «Egmont», wozu ich die Musik gesetzt, und zwar bloß aus Liebe zu seinen Dichtungen, die mich glücklich machen. – Wer kann aber auch einem großen Dichter genug danken, dem kostbarsten Kleinod einer Nation!

Nun nichts mehr, liebe, gute Bettine! Ich kam diesen Morgen um vier Uhr erst von einem Bacchanal, wo ich sogar viel lachen mußte, um heute beinahe ebensoviel zu weinen. Rauschende Freude treibt mich oft gewalttätig in mich selbst zurück.

Wegen Clemens vielen Dank für sein Entgegenkommen! Was die Kantate betrifft – so ist der Gegenstand für uns hier nicht wichtig genug; ein anderes ist's in Berlin. – Was die Zuneigung, so hat die Schwester davon eine so große Portion, daß dem Bruder nicht viel übrigbleiben wird. Ist ihm damit auch gedient?

Nun lebe wohl, liebe, liebe Freundin! Ich küsse Dich so mit Schmerzen auf Deine Stirne und drücke damit wie mit einem Siegel alle meine Gedanken für Dich auf.

Schreiben Sie bald, bald, oft

Ihrem Freunde

Beethoven

Von den drei überlieferten Briefen von Beethoven an Bettina ist dies wahrscheinlich der einzige authentische; er ist jedenfalls der einzige, dessen Originalmanuskript bis jetzt nachgewiesen werden konnte. – Die in dem Brief erwähnte «Toni» ist Bettinens Schwägerin Antonia geborene von Birkenstock (1780–1869), die mit Bettinens Stiefbruder Franz Brentano (1765–1844) verheiratet war und in deren Wiener Heim Beethoven gerne verkehrte. Er widmete ihr die «Variationen über einen Walzer von Diabelli» für Klavier op. 120. Schillers Gedicht «Die Flüsse» findet sich im «Musenalmanach auf das Jahr 1797». Die Spree ist dort mit dem folgenden Distichon vertreten, worin mit Ramler der damals in Berlin sehr beliebte Dichter Karl Wilhelm Ramler (1725–1798) und mit Cäsar Friedrich der Große gemeint ist:

«Sprache gab mir einst Ramler und Stoff mein Cäsar; da nahm ich meinen Mund etwas voll, aber ich schweige seitdem.»

Clemens Brentano (1778–1842), der Bruder Bettinens, wollte, daß Beethoven eine Kantate vertone, die er 1810 auf den Tod der Königin Louise von Preußen gedichtet hatte; es haben sich aber dazu nur einige Skizzen Beethovens vorgefunden.

Bettina schrieb an Goethe erst am 11. Mai 1811 über Beethoven, der selbst schon am 12. April sich an Goethe gewandt hatte (siehe Seite 94). Welchen Gebrauch sie von Beethovens Erlaubnis, «die Worte selbst auszusuchen», gemacht hat, zeigt ihr folgender Text:

Beethoven hat mir geschrieben, viel von Dir: «Wenn Sie ihm schreiben, so sagen Sie doch alles von mir, was machen kann, daß er mir gut wird, denn ich ringe nach nichts als nach dieses Mannes Liebe. Seit ich eine Vorstellung von ihm habe, bin ich nicht mehr so unglücklich als sonst, und ich denke nicht mehr, daß die Welt Wüste ist.» – Seine Ouvertüre aus «Egmont» ist so herrlich, daß ich sie das Beste möchte nennen. Du wirst die ganze Musik schon haben, denn er schrieb mir: «Ich schicke die Musik nächstens an Goethe, die ich aus Liebe, aus reiner Liebe zu ihm gemacht habe.»

Ich weiß: es drängt sich alles an Dich, jeder will Dir nah gewesen sein, jeder sucht sich zu beweisen durch die Ehrfurcht, die er vor Dir hegt. Mit leerer Brust gehen sie umher und schallen Deinen Namen. – Ich will keinen verderben, den Du Freund nennst, aber Beethoven ist keiner von diesen! Er ist unbefangen, und reichen Segen hat er durch Dich. Mit allen Kräften einer freien Natur hat er Dich aufgefaßt. Er ist ein lebendiger Zeuge Deiner Herrlichkeit!

Wien, 12. April 1811.

Euer Exzellenz!

Nur einen Augenblick Zeit gewährt mir die dringende Angelegenheit, indem sich ein Freund von mir, ein großer Verehrer von Ihnen (wie auch ich), von hier so schnell entfernt, Ihnen für die lange Zeit, daß ich Sie kenne (denn seit meiner Kindheit kenne ich Sie) zu danken. Das ist so wenig für so viel!

Bettine Brentano hat mich versichert, daß Sie mich gütig, ja sogar freundschaftlich aufnehmen würden. Wie könnte ich aber an eine solche Aufnahme denken, indem ich nur imstande bin, Ihnen mit der größten Ehrerbietung, mit einem unaussprechlichen tiefen Gefühl für Ihre herrlichen Schöpfungen zu nahen.

Sie werden nächstens die Musik zu «Egmont» von Leipzig durch Breitkopf und Härtel erhalten; diesen herrlichen «Egmont», den ich, indem ich ihn ebenso warm, als ich ihn gelesen, wieder durch Sie gedacht, gefühlt und in Musik gegeben habe. – Ich wünsche sehr, Ihr Urteil darüber zu wissen. Auch der Tadel wird mir für mich und meine Kunst ersprießlich sein und so gern wie das größte Lob aufgenommen werden.

Euer Exzellenz großer Verehrer

Ludwig van Beethoven.

Karlsbad, 25. Juni 1811.

Ihr freundliches Schreiben, mein wertgeschätzter Herr, habe ich durch Herrn von Oliva zu meinem großen Vergnügen erhalten. Für die darin ausgedrückten Gesinnungen bin ich von Herzen dankbar und kann versichern, daß ich sie aufrichtig erwidere: denn ich habe niemals etwas von Ihren Arbeiten durch geschickte Künstler und Liebhaber vortragen hören, ohne daß ich gewünscht hätte, Sie selbst einmal am Klavier zu bewundern und mich an Ihrem außerordentlichen Talent zu ergötzen.

Die gute Bettina Brentano verdient wohl die Teilnahme, welche Sie ihr bewiesen haben. Sie spricht mit Entzücken und der lebhaftesten Neigung von Ihnen und rechnet die Stunden, die sie mit Ihnen zugebracht, unter die glücklichsten ihres Lebens.

Die mir zugedachte Musik zu «Egmont» werde ich wohl finden, wenn ich nach Hause komme, und bin schon im voraus dankbar; denn ich habe derselben bereits von mehreren rühmlich erwähnen hören und gedenke sie auf unserm Theater zu Begleitung des gedachten Stückes diesen Winter geben zu können, wodurch ich sowohl mir selbst als Ihren zahlreichen Verehrern in unserer Gegend einen großen Genuß zu bereiten hoffe.

Am meisten aber wünsche ich, Herrn von Oliva recht verstanden zu haben, der uns Hoffnung machte, daß Sie auf einer vorhabenden Reise Weimar wohl besuchen könnten. Möchte es doch zu einer Zeit geschehen, wo sowohl der Hof als das sämtliche musikliebende Publikum versammelt ist! Gewiß würden Sie eine Ihrer Verdienste und Gesinnungen würdige Aufnahme finden.

Niemand aber kann dabei mehr interessiert sein als ich, der ich mit dem Wunsche, recht wohl zu leben, mich Ihrem geneigten Andenken empfehle und für so vieles Gute, was mir durch Sie schon geworden, den aufrichtigsten Dank abstatte.

Der Überbringer von Beethovens Brief war der mit ihm in den Jahren 1809–1820 in Wien befreundete Franz Oliva, der von Goethe am 2. Mai 1811 das erstemal in Weimar empfangen und an einem der nächsten Tage zu Tisch geladen wurde. Dazu berichtete der damals ebenfalls in Weimar anwesende Sulpiz Boisserée am 6. Mai an seinen Bruder Melchior: «Nach Tisch wurde auf dem Flügel gespielt: ein Baron Oliva von Wien, Kapellmeister, wenn ich recht gehört, trug einiges vor. – In dem Musiksaal hingen Runges Arabesken oder symbolisch-allegorische Darstellungen von Morgen, Mittag, Abend und Nacht. Goethe merkte, daß ich sie aufmerksam betrachtete, griff mich in den Arm und sagte: ‹Was, kennen Sie das noch nicht? Da sehen Sie einmal, was das für Zeug ist, zum Rasendwerden, schön und toll zugleich.› – Ich antwortete: ‹Ja, ganz wie die Beethovensche Musik, die der da spielt, wie unsere ganze Zeit.› – ‹Freilich›, sagte er, ‹das will alles umfassen und verliert sich darüber immer ins Elementarische, doch noch mit unendlichen Schönheiten im einzelnen...›»

Die Musik zu «Egmont» war vom Hofburgtheater in Wien bei Beethoven bestellt worden; sie wurde dort am 24. Mai 1810 zum erstenmal aufgeführt.

BEETHOVEN IM JAHRE 1814

Stich von B. Höfel nach L. Létronne
Angeblich ähnlichstes Porträt. Von Beethoven oft verschenkt

Wien, 28. Januar 1812.

Zur Strafe für Ihr gänzliches Stillschweigen lege ich Ihnen auf, diese zwei Briefe gleich zu besorgen; ein Windbeutel von Livländer versprach mir, einen Brief an Kotzebue zu besorgen; aber wahrscheinlich, wie überhaupt die Russen und Livländer Windbeutel und Großsprecher sind, hat er's nicht getan, obschon er sich für einen guten Freund von ihm ausgab.

Ich bitte also, obschon es als Strafe Ihnen auferlegt ist von Rechts wegen, wegen vieler fehlervoller Auflagen, falscher Titeln, Vernachlässigungen und anderen Menschlichkeiten, dieses Geschäft zu besorgen, so bitte ich denn doch abermals demütigst, diese Briefe zu besorgen – und dann mit dem Briefe an Goethe zugleich den «Egmont» (Partitur) zu schicken; jedoch nicht auf gewöhnliche Weise, daß vielleicht hier oder da ein Stück fehlt usw., nicht so, sondern ganz ordentlich. Länger läßt sich dieses nicht aufschieben: ich habe mein Wort gegeben, und darauf halte ich um so mehr, wenn ich einen anderen wie Sie zur Vollstreckung dessen zwingen kann.

Ha ha ha! Welche Sprache Sie schuld sind, daß ich gegen Sie führen kann, gegen einen solchen Sünder, der, wenn ich wollte, im härenen Bußrock wandeln müßte für alle Ruchlosigkeiten, so er an meinen Werken begangen. – Bei dem Chor im Oratorium («Christus am Ölberg») «Wir haben ihn gesehen» sind Sie trotz meiner Nota für den alten Text doch wieder bei der unglücklichen Veränderung geblieben. Ei du lieber Himmel, glaubt man denn in Sachsen, daß das Wort die Musik mache? Wenn ein nicht passendes Wort die Musik verderben kann – welches gewiß ist –, so soll man froh sein, wenn man findet, daß Musik und Wort nur eins sind, und trotzdem, daß der Wortausdruck an sich gemein ist, nichts besser machen wollen. – Dixi!

Auf die 50 Taler Musikalien habe ich noch sehr wenig genommen, denn bei Herrn Traeg ist alles träg; besonders kann ich vom Härtelischen Fleiß dort nichts spüren. – Schicken Sie mir also Mozarts Requiem-Partitur, desgleichen Mozarts «Clemenza di Tito», «Così fan tutte», «Le nozze di Figaro», «Don Giovanni» in Partitur bald (da meine kleine Gesellschaft bei mir wieder anfängt, so brauche ich dergleichen), so postfrei als möglich, denn ich bin ein armer österreichischer Musikant. – Des Carl Philipp Emanuel Bachs Sachen könnten Sie mir wohl einmal schenken, sie vermodern Ihnen doch.

Sind die drei Gesänge von Goethe (op. 83) noch nicht gestochen? – Eilen Sie damit, ich möchte sie gerne der Fürstin Kinsky, einer der hübschesten, idealsten Frauen in Wien, bald übergeben!

Und die Gesänge von «Egmont», warum noch

nicht heraus, warum überhaupt nicht mit dem ganzen «Egmont» heraus, heraus, heraus?

Wollen Sie zu den Entreactes (zu «Egmont») noch hier oder da einen Schluß angepicht haben, kann auch sein, oder lassen Sie das einen Leipziger Korrektor der Musikzeitung besorgen, die verstehen das wie eine Faust auf ein Aug.

Das Porto für die Briefe rechnen Sie mir nur gefälligst an!

Mir scheint, man flüstert's, als gingen Sie wieder auf eine neue Frau aus. Alle bei Ihnen vorgehenden Konfusionen schreibe ich dem zu. Ich wünsche Ihnen eine Xanthippe, wie dem heiligen griechischen Sokrates zuteil wurde, damit ich einmal einen deutschen Verleger, welches viel sagen will, verlegen, ja recht in Verlegenheit erblicke.

An Gottfried Christoph Härtel (1763–1827), den Inhaber des Musikverlags Breitkopf & Härtel in Leipzig. – In dem beigelegten Brief an August von Kotzebue (1761–1819) bittet Beethoven den Dichter, zu dessen Festspielen «Die Ruinen von Athen» und «König Stephan» er Kompositionen (op.113 und op.117) geliefert hat, um einen Operntext. – Johann Traeg war der Vertreter der Firma Breitkopf & Härtel in Wien. – Die Fürstin Caroline Kinsky (1784 bis 1841) war die Gattin des Fürsten Ferdinand Kinsky (1781–1812), eines der drei Mäzene, die Beethoven durch Gewährung eines ständigen Gehalts an Wien gefesselt hatten (siehe Vertragsentwurf S. 74). Der Fürstin widmete Beethoven die Gesänge op.75, op.83 und op.94; dem Fürsten war die C-Dur-Messe op.86 gewidmet.

Meine liebe, gute Emilie, meine liebe Freundin! Spät kommt die Antwort auf Dein Schreiben an mich. Eine Menge Geschäfte, beständiges Kranksein mögen mich entschuldigen. Das Hiersein zur Herstellung meiner Gesundheit beweist die Wahrheit meiner Entschuldigung.

Nicht entreiße Händel, Haydn, Mozart ihren Lorbeerkranz! Ihnen gehört er zu, mir noch nicht!

Deine Brieftasche wird aufgehoben unter anderen Zeichen einer noch lange nicht verdienten Achtung von manchen Menschen.

Fahr fort, übe nicht allein die Kunst, sondern dringe auch in ihr Inneres! Sie verdient es. Denn nur die Kunst und die Wissenschaft erhöhen den Menschen bis zur Gottheit.

Solltest Du, meine liebe Emilie, einmal etwas wünschen, so schreibe mir zuversichtlich! Der wahre Künstler hat keinen Stolz. Leider sieht er, daß die Kunst keine Grenzen hat; er fühlt dunkel, wie weit er vom Ziele entfernt ist, und indes er vielleicht von anderen bewundert wird, trauert er, noch nicht dahin gekommen zu sein, wohin ihm der bessere Genius nur wie eine ferne Sonne vorleuchtet.

Vielleicht würde ich lieber zu Dir, zu den Deinigen kommen, als zu manchem Reichen, bei dem sich die Armut des Inneren verrät. Sollte ich einst nach H. kommen, so komme ich zu Dir, zu den Deinen. Ich kenne keine anderen Vorzüge des Menschen, als diejenigen, welche ihn zu den besseren Menschen zählen machen. Wo ich diese finde, dort ist meine Heimat.

Am 17. Juli 1812 aus Teplitz. – Die Adressatin ist unbekannt. Sie wohnte wahrscheinlich in Hamburg.

PERSÖNLICHE ERLEBNISSE MIT GOETHE

In Teplitz im Jahre 1812 (am 19. Juli) lernten sie sich kennen. Goethe war bei ihm; Beethoven spielte ihm vor. – Da er sah, daß Goethe tief gerührt zu sein schien, sagte er: «O Herr, das habe ich von Euch nicht erwartet. In Berlin gab ich auch vor mehreren Jahren ein Konzert; ich griff mich an und glaubte was Rechtes zu leisten und hoffte auf einen tüchtigen Beifall. Aber siehe da, als ich meine höchste Begeisterung ausgesprochen hatte, kein geringstes Zeichen des Beifalls ertönte. Das war mir doch zu arg: ich begriff's nicht. – Das Rätsel löste sich jedoch dahin auf, daß das ganze Berliner Publikum fein gebildet war und mir mit nassen Schnupftüchern vor Rührung entgegenwankte, um mich seines Dankes zu versichern. – Das war einem groben Enthusiasten wie mir ganz übrig: ich sah, daß ich nur ein romantisches, aber kein künstlerisches Auditorium gehabt hatte. – Aber von Euch, Goethe, lasse ich mir dies nicht gefallen! Wenn mir Eure Dichtungen durchs Gehirn gingen, so hat es Musik abgesetzt, und ich war stolz genug, mich auf gleiche Höhe schwingen zu wollen wie Ihr. Aber ich habe es meiner Lebtag nicht gewußt, und am wenigsten hätte ich's in Eurer Gegenwart selbst getan: da müßte der Enthusiasmus ganz anders wirken. – Ihr müßt doch selber wissen, wie wohl es tut, von tüchtigen Händen beklatscht zu sein. Wenn Ihr mich nicht anerkennen und als Euresgleichen abschätzen wollt, wer soll es dann tun? Von welchem Bettelpack soll ich mich denn verstehen lassen?» – So trieb er Goethe in die Enge, der im ersten Augenblick gar nicht verstand, wie er's gutmachen solle; denn er fühlte wohl, Beethoven habe recht.

*

Die Kaiserin und österreichische Erzherzoge waren in Teplitz, und Goethe genoß viel Auszeichnung von ihnen, und besonders war's seinem Herzen keine geringe Angelegenheit, der Kaiserin seine Devotion zu bezeigen. Er deutete dies mit feierlich bescheidenen Ausdrücken dem Beethoven an. – «Ei was», sagte dieser, «so müßt Ihr's nicht machen, da macht Ihr nichts Gutes! – Ihr müßt Ihnen tüchtig an den Kopf werfen, was sie an Euch haben, sonst werden sie's gar nicht gewahr: da ist keine Prinzeß, die den Tasso länger anerkennt, als der Schuh der Eitelkeit sie drückt. – Ich hab's ihnen anders gemacht: da ich dem Erzherzog Rudolph Unterricht geben sollte, ließ er mich im Vorzimmer warten. Ich habe ihm dafür tüchtig die Finger auseinandergerenkt. Wie er mich fragte, warum ich so ungeduldig sei, sagte ich, er habe meine Zeit im Vorzimmer verloren, ich könne nun mit der Geduld keine mehr verbringen. Er ließ mich nachher nicht mehr warten; ja, ich hätt's ihm auch bewiesen, daß dies eine Albernheit ist, die ihre Viehigkeit nur an den Tag legt. – Ich sagte ihm, einen Orden könnten sie einem wohl anhängen, aber darum sei man nicht um das geringste besser. Einen Hofrat, einen Geheimrat können sie wohl machen, aber keinen Goethe, keinen Beethoven. Also das, was sie nicht machen können und was sie selber noch lange nicht sind, davor müssen sie Respekt haben lernen, das ist ihnen gesund!»

Indem kam auf dem Spaziergang die Kaiserin und Erzherzoge. Nun sagte Beethoven: «Bleibt nur in meinem Arm hängen: sie müssen uns Platz machen, wir nicht!» – Goethe war nicht der Meinung, und ihm wurde die Sache unangenehm: er machte sich aus Beethovens Arm los und stellte sich mit abgezogenem Hut an die Seite, während Beethoven mit unterschlagenen Armen mitten zwischen den Erzherzogen durchging und nur den Hut ein wenig rückte, während diese sich von beiden Seiten teilten, um ihm Platz zu machen, und ihn alle freundlich grüßten. – Jenseits blieb er stehen und wartete auf Goethe, der mit tiefen Verbeugungen sie hatte an sich vorbeigelassen. Nun sagte er: «Auf Euch habe ich gewartet, weil ich Euch ehre und achte, wie Ihr es verdient; aber jenen habt Ihr zuviel Ehre angetan!»

Nachher kam Beethoven zu uns gelaufen und erzählte uns alles und freute sich ganz kindisch, daß er Goethen so geneckt habe.

Bettina Brentano

An den Fürsten Hermann von Pückler-Muskau. – Wenn auch Bettina ihren Bericht gewiß recht frei gestaltete, so ist doch mit ziemlicher Sicherheit anzunehmen, daß ihre Schilderungen auf wirklichen Ereignissen fußen.

FREUNDSCHAFTLICHE VERWAHRUNG

Tyrann ich?! – Ihr Tyrann! – Nur Mißdeutung kann Sie dies sagen lassen, wie wenn eben dieses Ihr Urteil keine Übereinstimmung mit mir andeutete. Nicht Tadel deswegen; es wäre eher Glück für Sie.

Ich befand mich seit gestern schon nicht ganz wohl, seit diesem Morgen äußerte sich's stärker. Etwas Unverdauliches ist für mich die Ursache davon, und die reizbare Natur in mir ergreift ebenso das Schlechte als das Gute, wie es scheint.

Wenden Sie dies jedoch nicht auf meine moralische Natur an!

Die Leute sagen nichts. Sie sehen sich meistens in anderen nur selbst, und das ist eben nichts. Fort damit, das Gute, Schöne braucht keine Leute! Es ist ohne alle andere Beihilfe da, und das scheint denn doch der Grund unseres Zusammenhaltens zu sein.

Am 16. September 1812 in Teplitz an Amalie Sebald.

«DIE OPER ERWIRBT MIR DIE MÄRTYRERKRONE»

Im Jahre 1814 erhielten die Inspizienten der k.k. Hofoper, Saal, Vogl und Weinmüller, eine Vorstellung zu ihrem Vorteil, wobei ihnen die Wahl eines Werkes ohne Kosten überlassen blieb. Das Auffinden war schwierig genug: neue deutsche Kompositionen lagen nicht vorrätig, ältere versprachen keinen besonderen Gewinn... Inmitten dieser Verlegenheiten gedachte man des «Fidelio» und ging Beethoven um die Herleihung an, der mit größter Uneigennützigkeit sich bereit erklärte, jedoch zuvor viele Veränderungen ausdrücklich bedingte. Zugleich schlug er meine Wenigkeit zu dieser Arbeit vor. – Ich hatte seit einiger Zeit seine nähere Freundschaft erlangt, und mein doppeltes

Amt als Operndichter und Regisseur machte mir seinen Wunsch zur teuren Pflicht.

Ich nahm zuerst den Dialog vor, schrieb ihn fast neu, möglichst kurz und bestimmt, ein bei Singspielen stets nötiges Erfordernis...

Der zweite Akt bot gleich anfänglich eine große Schwierigkeit. Beethoven seinerseits wünschte den armen Florestan durch eine Arie auszuzeichnen; ich aber äußerte mein Bedenken, daß ein dem Hungertode fast Verfallener unmöglich Bravour singen dürfe. – Wir dichteten dieses und jenes; zuletzt traf ich nach seiner Meinung den Nagel auf den Kopf. Ich schrieb Worte, die das letzte Aufflammen des Lebens vor seinem Erlöschen schildern:

«*Und spür' ich nicht linde, sanft säuselnde Luft,*
Und ist nicht mein Grab mir erhellet?
Ich seh' wie ein Engel im rosigen Duft
Sich tröstend zur Seite mir stellet:
Ein Engel, Leonoren, der Gattin so gleich! –
Der führt mich zur Freiheit –, ins himmlische Reich!»

Was ich nun erzähle, lebt ewig in meinem Gedächtnisse: Beethoven kam abends gegen sieben Uhr zu mir. Nachdem wir anderes besprochen, erkundigte er sich, wie es mit der Arie stehe. Sie war eben fertig, ich reichte sie ihm. Er las, lief im Zimmer auf und ab, murmelte, brummte, wie er gewöhnlich statt zu singen tat, und riß das Fortepiano auf.

– Meine Frau hatte ihn oft vergeblich gebeten, zu spielen – heute legte er den Text vor sich und begann wunderbare Phantasien, die leider kein Zaubermittel festhalten konnte. Aus ihnen schien er das Motiv der Arie zu beschwören. Die Stunden schwanden, aber Beethoven phantasierte fort. Das Nachtessen, welches er mit uns teilen wollte, wurde aufgetragen, aber – er ließ sich nicht stören. – Spät erst umarmte er mich, und, auf das Mahl verzichtend, eilte er nach Hause. Tags darauf war das treffliche Musikstück fertig...

Sobald – gegen Ende März – das Buch beisammen war, sandte ich es Beethoven in Abschrift, und als ehrendes Zeugnis schrieb er mir ein paar Tage darauf:

«Mit großem Vergnügen habe ich Ihre Verbesserungen der Oper gelesen. Es bestimmt mich mehr, die verödeten Ruinen eines alten Schlosses wieder aufzubauen.»

Die Benefizianten trieben an der Beendigung, um die günstigere Jahreszeit zu benützen; Beethoven aber kam nur langsam vorwärts. Als ich ihn ebenfalls schriftlich bat, entgegnete er ebenso:

«In 14 Tagen die Oper zu geben, ist wohl unmöglich; ich glaube immer, daß vier Wochen dazu gehen können. – Der erste Akt ist indessen in einigen Tagen vollendet. – Allein es ist im zweiten Akt doch viel zu tun; auch eine neue Ouvertüre, welches zwar das leichteste ist, da ich sie ganz neu machen kann. – Vor meiner Akademie (am 27. Februar) war nur hier und da einiges skizziert, sowohl im ersten als im zweiten Akt; erst vor einigen Tagen konnte ich anfangen, auszuarbeiten. – Die Partitur von der Oper ist so schrecklich geschrieben, als ich je eine gesehen habe; ich müßte Note für Note durchsehen. – Kurzum, ich versichere Sie, lieber Treitschke, die Oper erwirbt mir die Märtyrerkrone!»

Und am 14. Mai (die Proben hatten schon lange begonnen) schrieb er:

«Übrigens ist die ganze Sache mit der Oper die mühsamste von der Welt, denn ich bin mit dem meisten unzufrieden, und es ist beinahe kein Stück, woran ich nicht hier und da meiner jetzigen Unzufriedenheit nicht einige Zufriedenheit hätte anflicken müssen. – Das ist nun ein großer Unterschied zwischen dem Falle, sich dem freien Nachdenken oder der Begeisterung überlassen zu können.»

Für den 23. Mai wurde die Vorstellung angekündigt. Tags zuvor war die Hauptprobe, aber die versprochene neue Ouvertüre (in E-Dur) befand sich noch in der Feder des Schöpfers. Man bestellte das Orchester zur Probe am Morgen der Aufführung. Beethoven kam nicht. – Nach langem Warten fuhr ich zu ihm, ihn abzuholen. – Er lag im Bette, fest schlafend, neben ihm stand ein Becher mit Wein und Zwieback darin; die Bogen der

Ouvertüre waren über das Bett und die Erde zerstreut. Ein ganz ausgebranntes Licht bezeugte, daß er tief in die Nacht gearbeitet hatte. Die Unmöglichkeit der Beendigung war entschieden: man nahm für diesmal seine Ouvertüre zu den «Ruinen von Athen», und bei der Ankündigung, wegen eingetretener Hindernisse müsse für heute die neue Ouvertüre wegbleiben, erriet die zahlreiche Versammlung ohne Mühe den triftigen Grund.

Die Oper war trefflich eingeübt. Beethoven dirigierte. Sein Feuer riß ihn oft aus dem Takte, aber Kapellmeister Umlauf lenkte hinter seinem Rücken mit Blick und Hand alles zum Besten. Der Beifall war groß und stieg mit jeder Vorstellung.

Georg Friedrich Treitschke

G. Fr. Treitschke (1776–1842) lebte seit etwa dem Jahre 1800 in Wien als Dichter, Schauspieler und Regisseur der Hofoper. Über seine Zusammenarbeit mit Beethoven bei der Herstellung der dritten Fassung des «Fidelio» berichtete er 1841 im musikalischen Taschenbuch «Orpheus».

EIN DANKBARER KLIENT

Tausend Dank, mein verehrter Kanka! Ich sehe endlich wieder einen Rechtsvertreter und Menschen, der schreiben und denken kann, ohne der armseligen Formeln zu gebrauchen. – Sie können sich kaum denken, wie ich nach dem Ende dieses Handels seufze, da ich dadurch in allem, was meine Ökonomie betrifft, unbestimmt leben muß – ohne was es mir sonst schadet.

Sie wissen selbst: der Geist, der wirkende, darf nicht an die elenden Bedürfnisse gefesselt werden, und mir wird dadurch noch manches mich Beglückendes für das Leben entzogen. Selbst meinem Hange und meiner mir selbst gemachten Pflicht, vermittelst meiner Kunst für die bedürftige Menschheit zu handeln, habe ich müssen und muß ich noch Schranken setzen.

Von unseren Monarchen usw., den Monarchien usw. schreibe ich Ihnen nichts, die Zeitungen berichten Ihnen alles – mir ist das geistige Reich das liebste und die oberste aller geistlichen und weltlichen Monarchien...

Beflügeln Sie, lieber Freund, die trägen Schritte der Gerechtigkeit! Wenn ich mich noch so hoch erhoben finde, wenn ich mich in glücklichen Augenblicken in meiner Kunstsphäre befinde, so ziehen mich die Ereignisse wieder herab. Dazu gehören nun auch die zwei Prozesse.

Am 22. August 1814 aus Wien an den Rechtsanwalt Dr. Johann Nepomuk Kanka in Prag, der ihn in dem Prozeß vertrat, den er wegen seiner Rente mit der Nachlaßverwaltung des am 3. November 1812 verstorbenen Fürsten Ferdinand Kinsky führen mußte.

Wien, 8. April 1815.

Es ist sicher nicht erlaubt, so freundschaftlich zu sein, wie ich glaubte mit Ihnen, und so feindschaftlich nebeneinander zu wohnen, ohne sich zu sehen!!!!!! – «Tout à vous!» schrieben Sie. – «Ei du Windbeutel!» sagte ich. – Nein, nein, es ist zu arg! – Ich möchte Ihnen immer gern neuntausendmal danken für Ihre Bemühungen um mich, und zwanzigtausendmal ausschimpfen, daß Sie so fort sind, so gekommen. Also alles ist Wahn-Freundschaft, Königreich, Kaisertum –, alles nur Nebel, den jeder Windhauch vertreibt und anders gestaltet!!...

Womit soll ich Ihnen in meiner Kunst dienen? Sprechen Sie: wollen Sie das Selbstgespräch eines geflüchteten Königs oder den Meineid eines Usurpators besungen haben – oder das Nebeneinanderwohnen zweier Freunde, welche sich nie sehen?

An den Advokaten Johann Nepomuk Kanka (1772–1865) in Prag, der Beethovens Rechtstreit mit den Erben des Fürsten Kinsky erfolgreich beendet hatte.

Wien, 1. Juni 1815.

Mein geehrter Landsmann!

Immer hoffte ich den Wunsch erfüllt zu sehen, Sie einmal selbst in London zu sprechen, zu hören, allein immer standen mir, diesen Wunsch auszuführen, mancherlei Hindernisse entgegen – und eben deswegen, da ich nun nicht in dem Falle bin, hoffe ich, daß Sie mir meine Bitte nicht abschlagen werden, die darin besteht, daß Sie die Gefälligkeit hätten, mit einem dortigen Verleger zu sprechen und ihm folgende Werke von mir anzutragen: Großes Terzett für Klavier, Violine und Violoncell (B-Dur, op. 97); Sonate für Klavier mit einer Violine (G-Dur, op. 96); große Symphonie in A (eine meiner vorzüglichsten) (VII. Symphonie, op. 92); kleinere Symphonie in F (VIII. Symphonie, op. 93); Quartett für zwei Violinen, Viola und Violoncell in f-moll (op. 95); große Oper in Partitur («Fidelio», op. 72); Kantate mit Chören und Solostimmen («Der glorreiche Augenblick», op. 136); Partitur von «Wellingtons Sieg oder die Schlacht bei Vittoria» (op. 91), wie auch den Klavierauszug (wenn er, wie man mich hier versichert, nicht schon heraus ist)...

Vielleicht ist es Ihnen auch möglich, mir anzuzeigen, auf welche Art ich vom Prinzregenten die Kopiaturkosten für die ihm übermachte Schlachtsymphonie auf Wellingtons Sieg in der Schlacht von Vittoria erhalten kann; denn längst habe ich den Gedanken aufgegeben, auf sonst irgend etwas zu rechnen. – Nicht einmal einer Antwort bin ich gewürdigt worden, ob ich dem Prinzregenten dieses Werk widmen darf, indem ich's herausgebe. Ich höre sogar, das Werk soll schon in London im Klavierauszug heraus sein. – Welch Geschick für einen Autor!!!

Ihr bekannter edler Charakter läßt mich hoffen, daß Sie einigen Anteil daran nehmen und sich tätig für mich bemühen. Das schlechte Papiergeld unseres Staates ward schon einmal auf den fünften Teil seines Wertes herabgesetzt; ich wurde da nach der Skala behandelt. Nach vielem Ringen erhielt ich jedoch mit namhaftem Verlust die volle Währung, allein wir sind in dem Augenblick, wo die Papiere schon jetzt wieder weit über den fünften Teil geringer sind, und mir steht bevor, daß mein Gehalt zum zweitenmal zunichte werde, ohne irgendeinen Ersatz hoffen zu können. – Mein einziger Verdienst sind meine Kompositionen. – Könnte ich hierin auf die Abnahme Englands rechnen, so würde das sehr vorteilhaft für mich sein.

An den aus Bonn stammenden Geiger Johann Peter Salomon (1745–1815), der seit 1781 im Musikleben Londons eine wichtige Rolle spielte und der 1790 Haydn nach London gebracht hatte. – Es gelang Salomon, vier der von Beethoven genannten Werke (op. 91 und den Klavierauszug von op. 92, op. 96 und op. 97) bei dem Londoner Verleger Birchall unterzubringen. Beethoven erhielt für sie insgesamt 130 holländische Dukaten.

DOPPELTES LEID

Wien, 13. Mai 1816.

Meine werte, liebe Freundin!
Sie dürften vielleicht und mit Recht glauben, daß Ihr Andenken völlig in mir erloschen sei. Unterdessen ist es nur der Schein: meines Bruders Tod verursachte mir großen Schmerz; alsdann aber große Anstrengungen, um meinen mir lieben Neffen vor seiner verdorbenen Mutter zu retten. Dieses gelang. Allein bis hierher konnte ich noch nichts Besseres für ihn tun, als in ein Institut zu geben, also entfernt von mir. – Und was ist ein Institut gegen die unmittelbare Teilnahm-Sorge eines Vaters für sein Kind? – Denn so betrachte ich mich nun und sinne hin und her, wie ich dieses mir teure Kleinod näher haben kann, um geschwinder und vorteilhafter auf ihn wirken zu können. Allein, wie schwer ist das für mich!

Nun ist meine Gesundheit auch seit sechs Wochen auf schwankenden Füßen, so daß ich öfter an meinen Tod, jedoch nicht mit Furcht, denke. Nur meinem armen Karl stürbe ich zu früh.

Wie ich aus Ihren letzten Zeilen an mich sehe,

leiden Sie wohl noch sehr, meine liebe Freundin. Es ist nicht anders mit den Menschen. Auch hier soll sich seine Kraft bewähren, das heißt auszuhalten ohne zu murren und seine Nichtigkeit zu fühlen, und wieder seine Vollkommenheit zu erreichen, deren uns der Höchste dadurch würdigen will...

*

Wien, 15. Mai 1816.

Verehrte liebe Freundin!
Dieser Brief ist schon geschrieben, und heute begegne ich Linke und vernehme Ihr beweinungswürdiges Schicksal, den plötzlichen Verlust Ihres lieben Sohnes.

Wo wäre hier Trost zu geben? Nichts schmerzt mehr als das schnell unvorhergesehene Hinscheiden derjenigen, die uns nahe sind. So kann ich ebenfalls meines armen Bruders Tod nicht vergessen; nichts – als daß man denken kann, daß die geschwind Hinweggeschiedenen weniger leiden.

Ich nehme aber den innigsten Anteil an Ihrem unersetzlichen Verlust. – Vielleicht habe ich Ihnen noch nicht geschrieben, daß ich ebenfalls mich schon lange gar nicht wohl befinde, mit eine Ursache meines langen Stillschweigens. Nun noch obendrein die Sorge für meinen Karl, den ich oft in meinem Sinn gedacht habe, an Ihren lieben

Sohn anzuschließen. – Wehmut ergreift mich um Ihretwillen und auch um meinetwillen, da ich Ihren Sohn geliebt.

An Gräfin Marie Erdödy in Padua.

DER NEFFE

Am 15. November 1815 starb Beethovens jüngster Bruder Kaspar Anton Karl im Alter von 41 Jahren an Lungensucht. Er hatte ursprünglich gleichfalls die musikalische Laufbahn betreten und frühzeitig eine Stelle in der kurfürstlichen Kapelle zu Bonn gefunden. Daneben gab er Musikunterricht und schrieb auch kleine Kompositionen. – Im Jahre 1795 kam er mit seinem Bruder Johann zu Ludwig nach Wien und vertauschte hier die unsichere Existenz des mäßig begabten Musikers mit dem gesicherten Einkommen des Beamten. Sein Bruder Ludwig verhalf ihm durch seinen Einfluß zu einer Stelle bei der Universal-Schuldenkassa.

Als Kaspar nun im Jahre 1815 starb, verlor der Tondichter in ihm nicht nur seinen geliebten Bruder – mit Johann stand er zeitlebens auf mehr oder weniger gespanntem Fuß und nannte ihn meistens seinen «Pseudobruder» –, sondern auch seinen finanziellen Ratgeber, welcher stets seine Geldangelegenheiten in Ordnung gehalten hatte, und das wollte bei Beethoven, welcher darin niemals das geringste Geschick gehabt hat, viel heißen. Sagte man ihm doch nach, daß er nicht einmal die Geldsorten unterscheiden konnte.

Kaspar hinterließ Beethoven bei seinem Tode aber ein Danaergeschenk: die Sorge für seinen damals neunjährigen Sohn Karl, welcher einer keineswegs glücklichen Ehe entsprossen war.

Kaspar hatte am 25. Mai 1806 Johanna Reiß, Tochter des Tapezierers Anton Reiß, eines wohlhabenden Bürgers, geheiratet, und am 4. November 1806 schenkte diese einem Knaben das Leben, der den Namen Karl empfing. – Leider zeigte sich Johanna bald streit- und ränkesüchtig, leichtsinnig und verschwenderisch, unterhielt ein Verhältnis mit einem Studenten der Medizin und häufte Schulden auf Schulden; ja sie wurde sogar wegen Veruntreuung einmal mit einem Monat Arrest bestraft. – Ludwig van Beethoven haßte sie mit der ganzen Leidenschaft seines Charakters.

Ihr Gatte jedoch trug ihr ihre Vergehen nicht bis zum Totenbette nach. In seinem Testament, das er am Tage vor seinem Ableben verfaßte, stellte er Karl sowohl unter die Vormundschaft seiner Mutter als seines Oheims; ja, in ahnungsvoller Fürsorge fügte er dem Testament noch ein Kodizill bei, worin er unter ausdrücklichem Hinweis auf das gespannte Verhältnis zwischen Johanna und

Ludwig nochmals betont, er wolle nicht, daß der Knabe von der Mutter entfernt werde, und beide zur Nachgiebigkeit ermahnt; er schließt mit den Worten: «Ich empfehle zum Wohle meines Kindes meiner Gattin Nachgiebigkeit, meinem Bruder aber mehr Mäßigung. Gott lasse sie beide zum Wohl meines Kindes einig sein! Dies ist die letzte Bitte des sterbenden Gatten und Bruders.»

*

Trotz dieser eindringlichen Mahnung dachte wohl Beethoven nicht einen Augenblick an Versöhnung; im Gegenteil: er ergriff mit Freuden die Gelegenheit, die verhaßte Frau von seiner Familie abzuschütteln und ihr den Knaben zu entreißen. – Am 22. November bestimmte zwar das niederösterreichische Landrecht im Sinne des vorgelegten Testaments Mutter und Oheim zu Vormündern des Knaben; aber schon am 28. reichte Beethoven dagegen einen Protest ein und versprach, Beweise beizubringen, wonach die Mutter mit Recht von der Vormundschaft auszuschließen sei. Am 9. Januar 1816 wurde zu seinen Gunsten entschieden und ihm allein die Vormundschaft zuerkannt. Am 19. Januar leistete er das übliche Gelöbnis mittels Handschlag.

Das Mißliche war nur, daß er sich eben damals nicht in günstigen materiellen Verhältnissen befand, denn der Staatsbankerott des Jahres 1811 hatte auch sein Vermögen stark mitgenommen. So konnte er an die Gründung eines Hausstandes, wie ihn die Erziehung eines Kindes erheischte, an die Aufnahme eines Erziehers und verschiedener Fachlehrer, wie sie ihm zunächst vorschwebte, nicht denken, und er sah sich genötigt, den Knaben, so schwer es ihm ankam, sich von ihm zu trennen, zunächst in ein Erziehungsinstitut zu geben.

Seine Wahl fiel auf das seit 1798 bestehende Institut Cajetan Giannatasio del Rio, das damals zu den besten der Stadt gehörte. (Zur Zeit der Verbindung mit Beethoven war es in einem Haus in der Landstraße Hauptstraße untergebracht; um dem Hause näher zu sein, übersiedelte Beethoven ebenfalls in die Vorstadt «Landstraße»). Der Inhaber war ein Spanier, seine Frau eine Italienerin, welche sich mit ihm in der Leitung teilte. Das Kostgeld war bedeutend – etwa 1100 Gulden.

Karl van Beethoven, welcher bisher die öffentliche Schule besucht hatte, fand am 2. Februar 1816 hier freundliche Aufnahme und bald eine um so liebevollere Behandlung, als in dem Herzen der älteren Tochter Fanny del Rio (geb. 1790) eine tiefe Neigung zu dem berühmten Tondichter, der selbstverständlich häufig in dem Institut vorsprach, erwachte, worüber ihr Tagebuch einen ebenso interessanten wie schönen Aufschluß bietet. – Überdies weilte der Knabe zwei- bis dreimal in der Woche in den Abendstunden bei seinem

Oheim, und dieser schrieb ihm, konnte er ihn nicht sehen, die zärtlichsten Briefe.

Es ist rührend zu beobachten, wie der große Mann, welcher in eigenen Angelegenheiten so unpraktisch war, sich für den Knaben um alle Einzelheiten, sogar um seine Leibwäsche kümmerte. Die große, verantwortungsvolle Aufgabe, vor welche sich der Tondichter, der weltfremde Junggeselle, mit einem Male gestellt sah, wirkte geradezu verwirrend auf ihn und stürzte ihn in eine Flut von Plänen, Hoffnungen und Befürchtungen. Dabei irrte seine erregte Phantasie immer wieder von der nüchternen Wirklichkeit und den gegebenen Verhältnissen ab in eine romantische und romanhafte Welt. – Er selbst bezeichnete sich als Sarastro, Johanna als Königin der Nacht. Diese erschien ihm als ein Ausbund aller Niedertracht, und er spricht nur in den Ausdrücken maßlosesten Hasses von ihr, während sie ja doch, ihre schlechten Eigenschaften zugegeben, immerhin ihr Mutterrecht wahren wollte. – Ebenso übertriebene Vorstellungen hatte er von den Geistesgaben und von der Reife des Knaben. Er erwartete von ihm nichts weniger, als daß er «seinem Namen ein neues Denkmal setzen» werde. So dünkte ihn natürlich das Beste gerade noch gut genug für den Knaben.

Schwägerin Johanna setzte indessen alles in Bewegung, um Beethoven seine Vormundschaft zu erschweren und zu verleiden. Sie überlief das

Institut täglich mit ihren Besuchen, so daß Giannatasio sich veranlaßt sah, Beethoven zu ersuchen, mit voller Autorität gegen sie aufzutreten. – Daher wandte sich dieser am 17. Februar abermals an das niederösterreichische Landrecht, und dieses traf die Bestimmung, daß die Mutter den Knaben nur in den freien Stunden, ohne den Unterricht zu stören und in Begleitung einer vom Vormund oder Institutsdirektor bestimmten Vertrauensperson besuchen dürfe. Das half doch wenigstens einigermaßen; aber Beethovens aufgeregte Phantasie ließ ihn nicht zur Ruhe kommen: immer und überall sah er den Knaben bedroht.

Dazu kam, daß Karl bei seinem Hang zum Lügen manches Unwahre über die Behandlung im Institut berichtete und eigene Nachlässigkeit seinen Erziehern in die Schuhe zu schieben suchte, was Beethoven ohne weiteres für bare Münze nahm. – Sehr treffend charakterisiert Fanny Giannatasio das eigentümliche Verhältnis zwischen Onkel und Neffen bald nach Beginn der Vormundschaft in ihrem Tagebuch am 3. April 1816: «Beethoven schrieb gestern seinem Kleinen einen sehr lieben Brief, worin er ihm wieder viel Schönes sagt, daß es mir eine wahre Freude gemacht hat, ihn zu lesen. Indessen finde ich es doch nicht ganz recht, daß er ihn nicht in seiner Unbefangenheit fortleben läßt, sondern ein Vertrauen in Anspruch nimmt, dessen Wert der Kleine gar noch nicht zu schätzen weiß, und ihn auf diese Weise nur grübeln machen könnte, was ihm etwa fehle oder nach seiner nicht zu großen Liebe zur Wahrheit noch gar verleiten könnte, ihm Unwahrheiten vorzusagen. Doch das kommt wohl von dem Wunsch, ihm die Liebe einer Mutter zu ersetzen und ihm alles zu sein.»

Aber in Beethoven wirkte alles zusammen, um ihn gegen das Institut einzunehmen. Schon am 8. Mai 1816 schrieb er an Ries, daß das Institut so schlecht sei, daß er eine ordentliche Haushaltung einrichten müsse, um Karl zu sich nehmen zu können. Anderweitig erging er sich auch in heftigen Ausfällen gegen das «Verziehungsinstitut», und die Verhältnisse wurden recht unleidlich.

Am 28. Juli 1816 verständigte Beethoven Giannatasio von seinem Entschluß, Karl aus der Anstalt zu nehmen; doch ersuchte er ihn, den Knaben noch ein Vierteljahr bei sich zu behalten, da er selbst nach Baden zog und Karl wegen eines Bruches operiert werden sollte. Er dankte übrigens Giannatasio in sehr herzlichen und rühmenden Worten und bat ihn, ihm auch fernerhin mit Rat und Tat beistehen zu wollen und zu gestatten, daß Karl das Institut auch fernerhin zuweilen aufsuche.

Die Operation wurde auch wirklich im September 1816 vorgenommen und verlief glücklich; doch zur Herausnahme des Knaben aus dem Institut kam es nicht, da Beethoven infolge der abnormen Teuerung des Hungerjahres 1816 noch weniger als früher in der Lage war, für Unterhalt und Erziehung selbst aufzukommen. Er mußte Giannatasio ersuchen, Karl noch weiter zu behalten, da sein Haushalt «einem Schiffbruche beinahe ganz ähnlich sieht oder sich dazu neigt». Niemand war darüber froher als Fanny, welche den Knaben auf dem Krankenlager aufopfernd gepflegt und ihn dabei sehr liebgewonnen hatte. – Beethoven selbst machte sich aber immer aufs neue Gewissensbisse, daß er seinen Neffen nicht von den Fesseln des «hölzernen Instituts» befreie und bildete sich ein, der Knabe sei sofort ein ganz anderer, wenn er ein paar Stunden bei ihm zubringe.

Er legte jetzt ein Hauptgewicht auf Karls musikalische Erziehung, welche er dem namentlich als Lehrer ausgezeichneten Karl Czerny anvertraute. Der Neffe kam jetzt zwei- bis dreimal die Woche zu diesem Zwecke um 6 Uhr abends aus dem Institut zu seinem Oheim, der ihn dann über Nacht bei sich behielt und erst am anderen Morgen zurückgeleiten ließ. – Wie Czerny selbst versichert, hatte übrigens Karl wirklich musikalisches Talent, und Beethoven wünschte nichts sehnlicher, als ihn zum Künstler auszubilden. Wie in anderen Dingen, so zog er den Kleinen sogar bei Beurteilung seiner Kompositionen zu Rate. – Die größte Freude hatte er, als Karl einmal bei der Familie Streicher, wohin er ihn öfter zu den Musikabenden mitnahm, zwar eingeschlafen war, aber sofort aufwachte und verständnisvoll lauschte, als sein Oheim eine neue Komposition spielte.

Am 24. Januar 1818 verließ Karl das Institut Giannatasio und besuchte nun – im Alter von elf Jahren! – Universitätsvorlesungen. – Aber gerade dieser Schritt wurde verhängnisvoll. Beethoven wußte sich nicht zu raten und zu helfen. Er vermochte mit dem eigenwilligen Knaben nichts anzufangen, ihn nicht zu leiten, während Johanna aufs neue ihre Ansprüche auf Karl geltend machte und die Dienstboten bestach, um mit ihm verkehren zu können. Es war ein wirres Durcheinander in Beethovens Hause, von dem wir wohl nicht im einzelnen unterrichtet sind, das uns aber Beethovens Ausbrüche der Verzweiflung und Wut, die sich manchmal bis zum Verfolgungswahne steigerten, mehr als ahnen lassen. Selbst an den früher angefeindeten Giannatasio wendet er sich wieder in seines Herzens Angst und wollte ihm Karl wieder anvertrauen. – Noch besser schien ihm, Karl ganz aus Wien fortzugeben; doch dürfte seine heftige Zärtlichkeit für den Knaben ihn von diesem an sich so naheliegenden guten Gedanken wieder abgehalten haben.

Schließlich geschah, wovor Beethoven jahrelang gezittert: Ende November 1818 entlief ihm Karl – zur Mutter! – Der verzweifelte Oheim kam nun häufig zur Familie Giannatasio, um sich Trost zusprechen zu lassen und Rat zu holen. Mittels der

Polizei wurde der Flüchtling wieder zurückgebracht und von Beethoven sofort am 5. Dezember dem Institut Giannatasio wieder übergeben. Man war hier erstaunt, wie sehr Karl während der elf Monate, seit er die Anstalt verlassen, demoralisiert war. «Durch und durch verdorben!» schreibt Fanny.

Aber nicht genug! Johanna führte nun gerade auf Grund der Erfahrungen der letzten Monate den Hauptschlag gegen ihren Widersacher. Was sie über die Vormundschaft durch Beethoven allein, seit er den Knaben aus dem Institut genommen, vorbringen und durch Zeugen beweisen konnte, erschien jedenfalls dem Magistrate sehr einleuchtend, und zu Beginn des Jahres 1819 entschied er gegen Beethoven: Der Knabe wurde ihm ab- und der Mutter zugesprochen; zum Mitvormund wurde der Stadtsequester Nußböck ernannt. – Die «Königin der Nacht» triumphierte: das Kind war endlich völlig in ihrer Macht. – Aber der neue Vormund erkannte doch alsbald, daß auch die Erziehung durch die Mutter nicht das Richtige war, und so kam Karl Ende Mai 1819 wieder in ein Institut; diesmal zu Joseph Blöchlinger von Bannholz, einem Schüler Pestalozzis, dessen Erziehungsanstalt im Palais Chotek in der Josefstädterstraße sich eines ausgezeichneten Rufes erfreute.

Unterdessen setzte Beethoven alle Hebel in Bewegung, um die Entscheidung des Magistrates wieder rückgängig zu machen. Zunächst erfolglos: seine Reklamation der Vormundschaftsrechte wurde am 4. November 1819 abgewiesen. – Nun wandte er sich in einer ausführlichen Eingabe, welche sein Rechtsfreund Dr. Johann Baptist Bach ausarbeitete und am 7. Januar 1820 überreichte, an das niederösterreichische Appellationsgericht. Nach einer Schilderung der Gefahren, welche dem Knaben unter dem Einfluß einer solchen Mutter drohen, heißt es in jener Eingabe weiter: «Mein Wille und mein Streben geht nur dahin, daß der Knabe die bestmöglichste Erziehung erhalte, da seine Anlagen zu den frohesten Hoffnungen berechtigen, und daß die Erwartung in Erfüllung gehen möge, die sein seliger Vater auf meine Bruderliebe baute. – Noch ist der Stamm biegsam, aber wird noch eine Zeit versäumt, so entwächst er in krummer Richtung der Hand des bildenden Gärtners, und die gerade Haltung und Wissenschaft und Charakter sind für ewig verloren. – Ich kenne keine heiligere Pflicht als die der Obsorge bei der Erziehung und Bildung eines Kindes.»

Unter Hinweis auf seine Schwerhörigkeit machte Beethoven in jener Eingabe das Zugeständnis, neben ihm als Mitvormund den Fürstlich Lobkowitzschen Hofrat Karl Peters zu ernennen, wenn Karl nur der Gewalt der Mutter wieder entzogen wäre. – Die Entscheidung des Appellationsgerichtes fiel am 8. April 1820 endlich doch zu Beethovens Gunsten aus, und der Knabe kehrte nach mehr als einjähriger Trennung wieder in seine Obhut zurück.

*

Der Verkehr zwischen Mutter und Sohn scheint nicht ganz abgebrochen worden zu sein, doch gab jene wohl den Kampf gegen ihren Schwager auf. Zwar konnte Beethoven den geliebten Neffen nicht ganz zu sich nehmen, da er die meiste Zeit in Baden bei Wien zubrachte und Karl seit dem Jahre 1822 das Polytechnische Institut in Wien besuchte; aber es herrschten doch innigere Beziehungen zwischen ihnen: Karl weilte oft bei ihm in Baden, leistete ihm Sekretärdienste, besorgte ihm in Wien allerlei Einkäufe; der Oheim legte ihm seine Kompositionen zur Beurteilung vor oder holte seinen praktischen Rat in geschäftlichen Angelegenheiten ein. Die Briefe Beethovens, welche er aus Baden an ihn richtete, geben das rührendste Zeugnis von zitternder Liebe und Sorge, mit welcher der große Meister den Neffen umgab – fast möchte man sagen: verfolgte –, von der Herzensschwäche, mit der er um Gegenliebe bettelte.

Karl wohnte in dieser Zeit, um seinen Studien am Polytechnischen Institut obliegen zu können, in dessen unmittelbarer Nähe (Alleegasse Nr. 72), bei einem Beamten namens Matthias Schlemmer. – Der Neffe war, wie nicht anders zu erwarten, nicht weniger als dankbar und den guten Lehren seines Oheims zugänglich. Er studierte wenig und machte keine Prüfungen; dagegen führte er mit einem verbummelten Studenten namens Niemetz, dem er sich angefreundet hatte, ein leichtsinniges Leben.

Beethoven forschte bei Karls Hauswirt Schlemmer nach seinem Tun und Treiben und ersuchte ihn, darauf zu achten, daß der junge Mann nicht in schlechte Gesellschaft gerate. Das machte Karl nur noch widerspenstiger. Mitte Oktober 1825 kam er mehrere Tage nicht heim. Der erschrockene Oheim vergaß seine strengen Vorsätze und schrieb einen flehentlichen Brief:

«Mein teurer Sohn!
Nur nicht weiter! – Komm nur in meine Arme! Kein hartes Wort wirst Du hören. O Gott, gehe nicht in Dein Elend! – Liebend wie immer wirst Du empfangen werden. Was zu überlegen, was zu tun für die Zukunft, dies werden wir liebevoll besprechen. – Mein Ehrenwort: keine Vorwürfe, da sie jetzt ohnehin nicht mehr fruchten würden, nur die liebevollste Sorge und Hilfe darfst Du von mir erwarten. – Komm nur! – Komm an das treue Herz Deines Vaters.

Beethoven.

Komme gleich nach Empfang dieses nach Hause!»

BEETHOVEN UM DAS JAHR 1815

Bleistiftzeichnung von G. A. Hippius

Unter der Adresse standen die Worte:

«Si vous ne viendrez pas, vous me tuerez sûrement. Lisez la lettre et restez à la maison chez vous! Venez m'embrasser, votre père vous vraiment adonné! Soyez assuré que tout cela restera entre nous.»

Und über die Anrede hatte Beethoven noch die Sätze geschrieben:

«Komme nur um Gottes willen heute wieder nach Hause! Es könnte Dir, weiß was, für Gefahr bringen! Eile – eile!»

*

Aber auch das Äußerste sollte dem zärtlich liebenden Oheim nicht erspart bleiben:

Karl lebte sein altes Leben fort, vernachlässigte die Studien und legte die vorgeschriebenen Prüfungen nicht ab. Die beständigen Vorwürfe Beethovens «ermüdeten» ihn, wie er selbst erklärte, und er fand sie «abgeschmackt». Schließlich kam er auf den Einfall so vieler Verbummelter, sein inhaltsloses Leben von sich zu werfen: Ende Juli oder anfangs August 1826 kaufte er zwei Pistolen, begab sich in die Ruine Rauhenstein bei Baden und feuerte hier beide Waffen gegen seine Schläfe. Er hatte jedoch schlecht gezielt und sich nur die Knochenhaut verletzt. – Beethoven war außer sich und wollte zunächst gar nichts von seinem ungeratenen Neffen wissen. Dann kam er aber doch ins Allgemeine Krankenhaus in Wien zu dem behandelnden Sekundararzt Dr. Ignaz Seng, scheltend und fluchend, weinend und bittend. – Dieser versprach ihm auch, auf das beste für den Verletzten zu sorgen, und in der Tat konnte Karl bald geheilt entlassen werden.

Eine wohltätige Folge hatte der Vorfall doch: Beethovens Freund Stephan von Breuning überredete ihn nunmehr, Karl zum Militär zu geben, und sagte in seiner Stellung beim Hofkriegsrat auch die nötige Empfehlung zu. Beethoven sollte für die Equipierung sorgen. Auch Karl war mit dem Plan einverstanden.

Leider war damals Beethoven bereits ein gänzlich gebrochener Mann. Die Gemütsbewegungen dieser Wochen hatten den Verfall der Kräfte beschleunigt und sein Leberleiden gesteigert. Auch ein Landaufenthalt, zu welchem ihm der Arzt riet, brachte nicht die erhoffte günstige Wirkung. Von dem Gut Gneixendorf, das sein Bruder Johann in Niederösterreich angekauft hatte, langte er am 2. Dezember 1826 todkrank in Wien ein. Er beauftragte wohl seinen Neffen, ihm einen Arzt zu holen, doch kam dieser (Dr. Andreas Ignaz Wawruch) zufolge einer Nachlässigkeit Karls – er hatte im Kaffeehaus, während er Billard spielte, den Auftrag an einen Kellner weitergegeben – erst einige Tage später. Beethoven lag also einige Tage ohne rechte Pflege schwerkrank darnieder. Seine Freunde besuchten ihn häufig.

In diesen Tagen des schlimmen körperlichen Leidens war es dem Meister ein Trost, daß es Breunings Bemühungen endlich gelungen war, Karl als Kadett (auf eigene Kosten) beim Infanterieregiment Nr. 8, das Feldmarschalleutnant Stutterheim kommandierte und das in Iglau lag, unterzubringen. Karl trat dort am 3. Januar 1827 seinen Dienst an. Aus Dankbarkeit widmete Beethoven Stutterheim sein Streichquartett in cis-moll, op. 131.

*

Der stramme Militärdienst war für Karl überaus heilsam. Eine Konduitenliste vom 20. November 1831 läßt ihn als tüchtigen Soldaten erkennen. Er war Unterleutnant geworden. Ein Verhältnis zur Tochter des Stadtadvokaten von Iglau, Maximilian Naske, drängte zur Heirat. Am 28. August 1832 war Hochzeit. Im Mai jenes Jahres hatte er mit Offizierscharakter den Dienst verlassen und die Pachtung eines Gutes in Niklowitz (Mähren) übernommen. Damit hatte er aber keinen Erfolg. Nach einem abermals mißglückten Versuch, 1834 eine Stelle als Grenzwachkommissär zu erlangen, scheint er sich 1836 nach Wien zurückgezogen zu haben. Jedenfalls verbrachte er seine spätere Lebenszeit in Wien. Er starb hier am 13. April 1858, wie es heißt an Leberkrebs. Seine Witwe Caroline lebte noch bis 1891.

Karl hinterließ vier Töchter – von welchen drei sich an Bankbeamte günstig verheirateten; die vierte, Hermine, absolvierte im Jahre 1869 das Wiener Konservatorium und übte das Klavierspiel aus, ohne jedoch irgendwie künstlerisch hervorzutreten – und einen Sohn, der die Last des berühmten Namens Ludwig trug, aber das unruhige Blut seines Vaters geerbt hatte. Er war in der Kanzlei des Deutschen Ritterordens angestellt und verheiratet, verschwand aber plötzlich und blieb verschollen.

Die Mutter Karls, die unselige Johanna, überlebte ihren Sohn noch um zehn Jahre. Sie starb erst im Alter von 82 Jahren 1868 in Baden bei Wien.

Max Vancsa

Nach seinem im Februar 1901 in der Beilage zur «Allgemeinen Zeitung» München erschienenen Aufsatz «Beethovens Neffe». Mit einigen Korrekturen und Ergänzungen.

FREUNDSCHAFT IM ALLGEMEINEN UND EINZELNEN

Schon von Kindheit an habe ich mich alles Guten anderer Menschen gern erinnert und es immer im Sinn behalten. Darauf kam auch die Zeit, wo besonders in einem verweichlichten Jahrhundert dem Jüngling auch selbst etwas intolerant zu sein, zu verzeihen war. – Nun aber stehen wir als Nation wieder kraftvoll da, und wie auch ohnedies ich mir später eigen zu suchen gemacht habe, nicht den ganzen Menschen wegen einzelner Schwächen zu verdammen, sondern gerecht zu sein, das Gute vom Menschen im Sinne zu behalten, und hat sich dieses nun sogar in geäußerten Handlungen gegen mich bezogen, so habe ich mich nicht allein als Freund des ganzen Menschengeschlechts, sondern noch auch besonders einzelne darunter immer als meine Freunde angesehen und auch genannt.

So in diesem Sinne nenne ich Sie denn auch meinen Freund. Wenn auch in manchen Dingen wir beide verschieden handeln und denken, so sind wir doch auch in manchem übereingekommen. – So! – Nun zähle ich nicht weiter mehr. – Möchten Sie nur recht oft meine freundschaftliche Anhänglichkeit auf die Probe stellen.

Im Jahre 1816 an Nikolaus Zmeskall.

AN EINEN JÜNGEREN SCHWEIZER KUNSTGENOSSEN

Sie haben sich einmal Ihres Daseins in Wien bei mir erinnert und mir davon schriftliche Beweise gegeben. Dergleichen von einer edleren, besseren

Menschennatur tut mir wohl. – Fahren Sie fort, sich immer weiter in den Kunsthimmel hinauf zu versetzen; es gibt keine ungestörtere, ungemischtere, reinere Freude, als die von daher entsteht.

Sie wünschten mich einmal begriffen zu sehen in dem Anstaunen der schweizerischen großen Natur; ich mich selbst auch. – Gibt mir Gott die Gesundheit wieder, die sich seit einigen Jahren verschlimmert hat, so hoffe ich wohl, noch dazu zu kommen.

Am 19. August 1817 an den Schweizer Komponisten Xaver Schnyder von Wartensee (1786–1868) in Luzern. – Schnyder war vom Herbst 1811 bis zum Sommer 1812 in Wien gewesen und hatte in dieser Zeit auch wiederholt Umgang mit Beethoven. Über diesen berichtete er am 17. Dezember 1811 an Hans Georg Nägeli nach Zürich:

Von Beethoven wurde ich äußerst gut empfangen und war schon einigemal bei ihm. Er ist ein höchst sonderbarer Mann. Große Gedanken schweben in seiner Seele, die er aber nicht anders als durch Noten zu äußern vermag; Worte stehen ihm nicht zu Gebote. Seine ganze Bildung ist vernachlässigt, und seine Kunst ausgenommen, ist er roh, aber bieder und ohne Falschheit: er sagt geradezu von der Leber weg, was er denkt. – In seiner Jugend und noch jetzt hatte er viel mit Widerwärtigkeiten zu kämpfen; dieses machte ihn launisch und finster. – Über Wien schimpft er und wünscht fortzugehen. – «Vom Kaiser bis auf den Schuhputzer», sagte er, «sind alle Wiener nichts wert!» – Ich fragte ihn, ob er keine Schüler annehme. – Nein, antwortete er, dieses sei eine verdrießliche Arbeit; er habe nur einen, der ihm sehr viel zu schaffen mache und den er sich gern vom Halse schaffen möchte, wenn er könnte. – «Wer ist denn dieser?» – «Der Erzherzog Rudolph.»

In seinen 1887 erschienenen «Lebenserinnerungen» berichtete Schnyder noch unter anderem:

Schnyder nahm häufig seine Abendmahlzeit in der «Mehlgrube», weil er wußte, daß Beethoven sich oft zur selbigen Zeit dort einfinde. – An einem herrlichen Frühlingsabend sah Schnyder, wie er in das Gastzimmer trat, Freund Beethoven an einem Tische sitzen. Er setzte sich zu ihm und wurde mit ganz besonderer Freundlichkeit und Herzlichkeit begrüßt. – «Sie haben gewiß einen schönen Spaziergang diesen Nachmittag gemacht, Herr van Beethoven?» begann Schnyder. – Beethoven: «Ja, ja! Einen herrlichen, herrlichen!» – Schnyder: «Ich zweifle nicht, Sie waren auf der Jagd nach Ideen!» – «Ja», schmunzelte Beethoven. – Schnyder: «Wenn ich doch so glücklich wäre, etwas davon zu sehen!» – «Hier haben Sie den ganzen Plunder!» rief Beethoven und zog aus der Seitentasche ein Päckchen zerknittertes Papier heraus. – Schnyder fuhr gierig darüber her und sah es durch. – «Nun, wie gefallen Ihnen die Themen?» frug Beethoven mit listigem und etwas spöttischem Blick. – Schnyder: «Ich kann ja nichts daraus ersehen – es ist ja lauter Krikelkrakel!» – Beethoven: «Hahaha! Das wußte ich wohl, sonst hätte ich es Ihnen nicht gezeigt.»

KLAVIERPÄDAGOGIK

Mein lieber Czerny!
Ich bitte Sie, den Karl soviel als möglich mit Geduld zu behandeln, wenn es auch jetzt noch nicht geht, wie Sie und ich es wünschen! Er wird sonst noch weniger leisten, denn (ihn darf man das nicht wissen lassen) er ist durch die üble Austeilung der Stunden zu sehr angespannt. Leider läßt sich das nicht gleich ändern. Daher begegnen Sie ihm soviel als möglich mit Liebe, jedoch ernst! Es wird alsdann auch besser gelingen bei diesen wirklich ungünstigen Umständen für Karl.

In Rücksicht seines Spielens bei Ihnen bitte ich Sie, ihn, wenn er einmal den gehörigen Fingersatz nimmt, alsdann im Takte richtig, wie auch die Noten ziemlich ohne Fehler spielt, alsdann erst ihn in Rücksicht des Vortrags anzuhalten, und wenn man einmal so weit ist, ihn wegen kleinen Fehlern nicht aufhören zu lassen und selbe ihm erst beim Ende des Stückes zu bemerken.

Obschon ich wenig Unterricht gegeben, habe ich doch immer diese Methode befolgt; sie bildet bald Musiker, welches doch am Ende schon einer der ersten Zwecke der Kunst ist, und ermüdet Meister und Schüler weniger.

Im Jahre 1817 an den Komponisten und Klavierpädagogen Karl Czerny (1791–1857) in Wien.

REGULIERUNG DER TEMPI

Herzlich freut mich dieselbe Ansicht, welche Sie mit mir teilen, in Ansehung der noch aus der Barbarei der Musik herrührenden Bezeichnungen des Zeitmaßes. Denn nur zum Beispiel: Was kann widersinniger sein als «allegro», welches ein für alle Mal «lustig» heißt, und wie weit entfernt sind wir oft von diesem Begriffe des Zeitmaßes, so daß das Stück selbst das Gegenteil der Bezeichnung sagt.

Was diese vier Hauptbewegungen betrifft, die aber bei weitem die Wahrheit oder Richtigkeit der vier Hauptwinde nicht haben, so geben wir sie gern hintan. Ein anderes ist es mit den den Charakter des Stückes bezeichnenden Wörtern. Solche können wir nicht aufgeben, da der Takt eigentlich mehr der Körper ist, diese aber schon selbst Bezug auf den Geist des Stückes haben.

Was mich angeht, so habe ich schon lange darauf gedacht, diese widersinnigen Benennungen – Allegro, Andante, Adagio, Presto – aufzugeben. Mälzels Metronom gibt uns hierzu die beste Gelegenheit. Ich gebe Ihnen mein Wort hier, daß ich sie in allen meinen neuen Kompositionen nicht mehr gebrauchen werde.

Eine andere Frage ist es, ob wir hierdurch die so nötige Allgemeinheit des Metronoms bezwekken werden? Ich glaube kaum! Daß man uns aber als Zwingherren ausschreien wird, daran zweifle ich nicht. – Wäre nur der Sache selbst damit gedient, so wäre es noch immer besser, als uns des Feudalismus zu beschuldigen!

Daher glaube ich, das beste sei, besonders für unsere Länder, wo einmal Musik Nationalbedürfnis geworden und jedem Dorfschulmeister der Gebrauch des Metronoms gefördert werden muß, daß Mälzel eine gewisse Anzahl Metronome auf Pränumeration suche anzubringen zu den höheren Preisen, und sobald diese Zahl ihn deckt, die übrigen nötigen Metronome für das musikalische Nationalbedürfnis so wohlfeil zu geben, daß wir sicher die größte Allgemeinheit und Verbreitung davon erwarten können.

Es versteht sich von selbst, daß sich einige hierbei an die Spitze stellen müssen, um Aneiferung zu erwecken. Was an mir liegt, so können Sie auf mich rechnen, und mit Vergnügen erwarte ich den Posten, welchen Sie mir hierbei anweisen werden.

Im Jahre 1817 an den Wiener Komponisten, Dirigenten und Musikschriftsteller Ignaz von Mosel (1772–1844).

Die Bekanntschaft Beethovens zu machen, besonders aber ihn zum Sitzen zu bewegen, war eine schwierige Aufgabe. Die glückliche und zufällige Bekanntschaft eines seiner Freunde, des Violoncellisten Dont beim kaiserlichen Hoftheater, half mir glücklich darüber hinweg, besonders da derselbe sich selbst sehr für diese Sitzung interessierte. – Dont riet mir, bis zum Sommer zu warten, da Beethoven gewöhnlich seinen Sommeraufenthalt in Mödling bei Wien nähme und dann am gemütlichsten und zugänglichsten sei. – Durch einen Brief des Freundes wurde Beethoven von meiner Ankunft daselbst benachrichtigt und auch auf meinen Wunsch, ihn zeichnen zu wollen, vorbereitet. Beethoven war darauf eingegangen, doch nur unter der Bedingung, daß er nicht zu lange sitzen müsse.

Ich ließ mich am frühen Morgen bei ihm melden. Seine alte Haushälterin ließ mich wissen, daß er bald kommen würde. Er wäre nur noch beim Frühstück; hier wären aber Bücher von Goethe und Herder, womit ich mich unterdes unterhalten möchte.

Endlich kam Beethoven und sagte: «Sie wollen mich malen, ich bin aber sehr ungeduldig.» – Er war schon sehr taub, und ich mußte ihm, wenn ich etwas sagen wollte, dasselbe entweder aufschreiben, oder er setzte das Rohr an, wenn nicht sein Famulus (ein junger Verwandter von etwa zwölf Jahren) zugegen war, welcher ihm dann die Worte in das Ohr schrie.

Beethoven setzte sich nun, und der Junge mußte auf dem Flügel üben, der ein Geschenk aus England war und mit einer großen Blechkuppel (wegen besserer Resonanz) versehen war. Das Instrument stand ungefähr vier bis fünf Schritte hinter ihm, und Beethoven korrigierte dem Jungen trotz seiner Taubheit jeden Fehler, ließ ihn einzelnes wiederholen usw.

Beethoven sah stets sehr ernst aus. Seine äußerst lebendigen Augen schwärmten meist mit einem etwas finsteren, gedrückten Blick nach oben, welchen ich im Bilde wiederzugeben versucht habe. Seine Lippen waren geschlossen, doch war der Zug um den Mund nicht unfreundlich.

Seine Kleidung bestand in einem lichtblauen Frack mit gelben Knöpfen, weißer Weste und Halsbinde, wie man sich damals trug; doch war alles bei ihm sehr negligiert. – Seine Gesichtsfarbe war gesund und derb, die Haut etwas pockennarbicht. Sein Haar hatte die Farbe blau angelaufenen Stahls, da es bereits aus dem Schwarz etwas ins Grau überging. Sein Auge war blaugrau und höchst lebendig.

Wenn sein Haar sich im Sturm bewegte, so hatte er wirklich etwas Ossianisch-Dämonisches. Im freundlichen Gespräch nahm er dagegen einen gutmütigen und milden Ausdruck an, besonders wenn ihn das Gespräch angenehm berührte. Jede Stimmung seiner Seele drückte sich augenblicklich in seinen Zügen gewaltsam aus...

Nach ungefähr einer Dreiviertelstunde fing er an unruhig zu werden. Nach dem Rate Donts wußte ich nun, daß es Zeit sei, aufzuhören, und bat ihn nur, morgen wiederkommen zu dürfen, da ich in Mödling selbst wohne. – Beethoven war damit sehr einverstanden und sagte: «Da können wir ja noch öfter zusammenkommen; denn ich kann nicht lange hintereinander sitzen. Sie müssen sich auch in Mödling ordentlich umsehen; denn es ist hier sehr schön, und Sie werden doch als Künstler ein Naturfreund sein.»

Bei meinen Spaziergängen in Mödling begegnete mir Beethoven mehrere Male, und es war höchst interessant, wie er, ein Notenblatt und einen Stummel von Bleistift in der Hand, öfters wie lauschend stehen blieb, auf und nieder sah und dann auf das Blatt Noten verzeichnete. – Dont hatte mir gesagt, daß, wenn ich ihm so begegnen würde, ich ihn nie anreden oder bemerken sollte, weil er dann verlegen oder gar unangenehm würde. – Das eine Mal, als ich gerade eine Waldpartie aufnahm, sah ich ihn mir gegenüber eine Anhöhe aus dem Hohlweg, der uns trennte, hinaufklettern, den großkrempigen grauen Filzhut unter den Arm gedrückt. Oben angelangt, warf er sich unter einen Kieferbaum lang hin und schaute lange in den Himmel hinein.

Jeden Morgen saß er mir ein kleines Stündchen. – Als er mein Bild sah, bemerkte er, daß ihm die Auffassung der Haare auf diese Weise sehr gefalle; die anderen Maler hätten sie bis jetzt immer so geschniegelt wiedergegeben, so wie er vor den Hofchargen erscheinen müsse, und so wäre er gar nicht.

Karl Friedrich August von Kloeber

Kloeber (1793–1864) porträtierte Beethoven im Jahre 1818. Das damals entstandene Ölgemälde ist nicht erhalten geblieben; es ist nur durch eine lithographische Nachbildung und durch die folgende Beschreibung in der «Wiener Zeitschrift für Kunst, Literatur und Mode» (1818) bekannt: «Herr Kloeber aus Breslau hat in der letzten Zeit das Bildnis unseres großen Meisters der Töne Ludwig van Beethoven in Öl vollendet. Nicht bloß dessen äußere Umriße und Züge wußte dieser ausgezeichnete Künstler treu aufzufassen und darzustellen sondern er brachte zugleich auch die höhere Ähnlichkeit, die geistige Physiognomie des genialen Mannes wahr und glücklich zur Anschauung. – In der Nähe des schönen Mödlings, wo Beethoven seinen diesjährigen Sommeraufenthalt gewählt hatte, in der freien Natur von den Bergen der herrlichen Brühl umgeben, in dem höchsten Augenblicke künstlerischer Tätigkeit, im Produzieren erscheint hier der gewaltige Meister, den Blick voll heiligen Ernstes zu jenen Regionen erhoben, von wannen er die himmlischen Zaubertöne herniederlockt zur Wonne der erstaunten Hörer. – Die Linke hält ein Notenbuch, die Rechte hat fest und kräftig den Griffel gefaßt, die Eingebung des Genius für die Ewigkeit hinzuzeichnen. Der Wind spielt in den nachlässigen Locken des unbedeckten Hauptes. – Seitwärts unter einem Baume lagert ein Knabe, Beethovens Neffe, dessen Hut neben sich.» – Von dem Kopfe Beethovens sind zwei Zeichnungen erhalten geblieben. Siehe Abbildung neben Seite 144.

DIENSTBOTEN-MISERE

Der bewußten Missetäterin ist heute ihr Urteil angekündigt worden. Sie benahm sich beinahe wie Caesar bei Brutus' Dolch, nur daß in ersterem Wahrheit zugrunde lag und bei ihr eine heillose Tücke. – Das Küchenmädchen scheint brauchbarer zu sein als das vorige schlechte Schönheitsgesicht. Das läßt sich nicht mehr blicken – ein Zeichen, daß sie auf kein gutes Zeugnis gehofft, welches ich ihr doch zugedacht hatte... Das neue Küchenmädchen hat ein etwas schiefes Gesicht beim Holztragen gemacht; ich hoffe aber, sie wird sich erinnern, daß unser Erlöser sein Kreuz auch auf Golgatha geschleppt hat.

Im Jahre 1818 an Nanette Streicher.

GESPRÄCH MIT DEM VERLEGER

Beethoven: Warum habe ich gestern die Korrektur des Trios nicht bekommen?

Haslinger: Weil sie noch nicht fertig ist.

Beethoven: Warum ist sie noch nicht fertig?

Haslinger: Weil der Stecher an der Vollendung verhindert wurde.

Beethoven: Warum wurde er daran verhindert?

Haslinger: Weil wir ihm eine andere pressante Arbeit auftragen mußten.

Beethoven: Warum mußtet Ihr ihm etwas anderes auftragen?

Haslinger: Weil... weil... weil wir Geld brauchen.

Beethoven: Geld? Geld? Auch ich brauche Geld! Und wenn ich deswegen zu Euch komme, so habt Ihr immer keines für mich. – Geld? – Verdient Ihr etwa keines bei meinen Arbeiten?

Haslinger: O ja! Sonst würden wir gewiß nicht um den Besitz derselben geizen und das Verlagsrecht mit bedeutenden Aufopferungen erkaufen. – Indessen, haben Sie nur wenige Tage noch Geduld; dann erhalten Sie den letzten Abzug, und wir lassen auch ein schönes Titelblatt dazu anfertigen.

Beethoven: Titelblatt? Schönes Titelblatt? – Wenn der Inhalt nichts taugt, gebe ich auch für das allerschönste Titelblatt keinen Pfifferling!... Aber warum lassen sich denn heute gar keine Käufer sehen?

Haslinger: Weil die schöne Welt im Karneval die Vormittage lieber verschläft, als Musikalien kauft.

Beethoven: Musikalien kauft? – Darin liegt's! – Warum verkauft Ihr auch nichts als eitle Musikalien? Warum befolgt Ihr nicht schon längst meinen wohlgemeinten Rat? – Werdet doch einmal klug und kommt zur Raison! Verschreibt Euch, anstatt

BEETHOVEN IM JAHRE 1818

Bleistiftzeichnung von K. Fr. A. von Kloeber
Studie zu dem verlorengegangenen Doppelgemälde
Siehe Seite 142

den Zentnern von Papierballen, echtes, ungewässertes Regensburger (Bier), laßt diesen beliebten Handelsartikel auf der Donau herunterschwimmen, verabfolgt ihn Maß-, Halbe- und Seidelweis zu billigen Preisen, kredenzt abwechselnd Würstel, Kipfel, Rettich, Butter und Käse, ladet die Hungrigen und Durstigen ein mit den ellenlangen Lettern Eures Aushängeschildes: «Musikalisches Bierhaus!», und Ihr werdet zu allen Stunden des Tages so viele Gäste haben, daß einer dem andern die Tür in die Hand gibt, und Euer Bureau nie leer wird.

(Nach 1818)

Nach Mitteilungen von Ignaz von Seyfried aus dem Jahre 1832.

SELBSTGESPRÄCHE

Ebenso wie du dich hier in den Strudel der Gesellschaft stürzest, ebenso möglich ist's, Opern trotz allen gesellschaftlichen Hindernissen zu schreiben. Kein Geheimnis sei dein Nichthören mehr, auch bei der Kunst. (1806)

*

Man überläßt es dem Zuhörer, die Situationen auszufinden. «Sinfonia caracteristica» oder eine Erinnerung an das Landleben. Jede Malerei, nachdem sie in der Instrumentalmusik zu weit getrieben, verliert. – «Sinfonia pastorella.» – Wer auch nur je eine Idee vom Landleben erhalten, kann sich auch ohne viele Überschriften selbst denken, was der Autor will. Auch ohne Beschreibung wird man das Ganze, welches mehr Empfindung als Tongemälde, erkennen. (1807)

*

Pastoral-Symphonie keine Malerei, sondern worin die Empfindungen ausgedrückt sind, welche der Genuß des Landes im Menschen hervorbringt, wobei einige Gefühle des Landlebens geschildert werden. (1808)

*

Ergebenheit, innigste Ergebenheit in dein Schicksal! Nur diese kann dir die Opfer zu dem Dienstgeschäft geben. O harter Kampf!

Alles anwenden, was noch zu tun ist, um das Nötige zu der weiten Reise zu entwerfen. Alles mußt du finden, was dein seligster Wunsch gewährt; so mußt du es doch abtrotzen, absolut die stete Gesinnung beobachten. (1812)

*

Du darfst nicht Mensch sein, für dich nicht, nur für andere: für dich gibt's kein Glück mehr als in dir selbst, in deiner Kunst.

O Gott, gib mir Kraft, mich zu besiegen! Mich darf ja nichts an das Leben fesseln. (1812)

*

Eine große Handlung, welche sein kann, zu unterlassen und so zu bleiben! O welcher Unterschied gegen ein unbeflissenes Leben, welches sich in mir so oft abbildete! O schreckliche Umstände, die mein Gefühl für Häuslichkeit nicht unterdrücken, aber deren Ausübung!

O Gott, Gott, sieh auf den unglücklichen Beethoven herab! Laß es nicht länger so dauern! (1813)

*

Das Beste, an dein Übel nicht zu denken, ist Beschäftigung. (1813)

*

Nicht mein jetziges Alltagsleben fortsetzen! Die Kunst fordert auch dieses Opfer. – In der Zerstreuung ruhen, um desto kräftiger in der Kunst zu wirken! (1814)

*

Gegen alle Menschen äußerlich nie die Verachtung merken lassen, die sie verdienen; denn man kann nicht wissen, wo man sie braucht. (1814)

*

Alles, was Leben heißt, sei der Erhabenen geopfert und ein Heiligtum der Kunst! – Laß mich leben, sei es auch mit Hilfsmitteln, wenn sie sich nur finden! (1815)

*

Die Ohrenmaschinen womöglich zur Reife bringen, alsdann reisen! – Dieses bist du dir, den Menschen und Ihm, dem Allmächtigen, schuldig: nur so kannst du noch einmal alles entwickeln, was in dir verschlossen bleiben muß. – Und ein kleiner Hof, eine kleine Kapelle, von mir in ihr der Gesang geschrieben, aufgeführt, zur Ehre des Allmächtigen, des Ewigen, Unendlichen! (1815)

*

Händels, Bachs, Glucks, Mozarts, Haydns Porträte in meinem Zimmer; sie können mir auf Duldung Anspruch machen helfen. (1815)

*

Mein unglückseliges Gehör plagt mich hier (in Baden bei Wien) nicht. Ist es doch, als ob jeder Baum zu mir spräche auf dem Lande: Heilig, heilig! – Im Walde Entzücken! – Wer kann alles ausdrücken? – Schlägt alles fehl, so bleibt das Land selbst im Winter... Leicht bei einem Bauern eine Wohnung gemietet, um diese Zeit gewiß wohlfeil. – Süße Stille des Waldes! – Der Wind, der beim zweiten schönen Tag schon eintritt, kann mich nicht in Wien halten, da er mein Feind ist. (1815)

*

Allmächtiger im Walde! Ich bin selig, glücklich im Wald: jeder Baum spricht durch Dich. – O Gott, welche Herrlichkeit! – In einer solchen Waldgegend, in den Höhen ist Ruhe, Ruhe, Ihm zu dienen. (1815)

*

Zeige deine Gewalt, Schicksal! Wir sind nicht Herren über uns selbst: was beschlossen ist, muß sein, und so sei es denn! (1816)

*

Ertragung – Ergebung – Ergebung! So gewinnen wir noch beim höchsten Elend und machen uns würdig, daß Gott unsere Fehler verzeiht. (1816)

*

Karl betrachtest du als dein eigenes Kind. Alle Schwätzereien, alle Kleinigkeiten achte nicht über diesem heiligen Zweck! – Hart ist der Zustand jetzt für dich, doch der droben, der ist: ohne Ihn ist nichts. (1816)

*

Opern und alles sein lassen, nur für deine Waise schreiben! – Und dann eine Hütte, wo du das unglückliche Leben beschließest! (1816)

*

Wie der Staat eine Konstitution haben muß, so der einzelne Mensch für sich selber eine! (1816)

*

Die große Auszeichnung eines vorzüglichen Mannes: Beharrlichkeit in widrigen, harten Zufällen. (1816)

*

Nur in deiner Kunst leben! – So beschränkt du auch jetzt deiner Sinne halber bist, so ist dieses doch das einzige Dasein für dich. (1816)

*

Nur in den seltensten Fällen anderer Menschen Rat folgen: in einer Sache, die schon überdacht ist, wem können alle Umstände so gegenwärtig sein als jemandem selbst? (1816)

*

Gott helfe! Du siehst mich von der ganzen Menschheit verlassen, denn Unrechtes will ich nicht begehen. Erhöre mein Flehen, doch für die Zukunft nur mit meinem Karl zusammen zu sein, da nirgends sich jetzt eine Möglichkeit dahin zeigt!

O hartes Geschick! O grausames Verhängnis! – Nein, nein, mein unglücklicher Zustand endet nie!

(1817)

*

Dich zu retten, ist kein anderes Mittel als von hier: nur dadurch kannst du wieder so zu den Höhen deiner Kunst entschweben, wo du hier in Gemeinheit versinkst! – Nur eine Symphonie, und dann fort, fort, fort! (1817)

*

Über den Sommer arbeiten zum Reisen! Dadurch nur kannst du das große Werk für deinen armen Neffen vollführen. – Später Italien, Sizilien durchwandern mit einigen Künstlern! – Mache Pläne und sei getrost für Karl! (1817)

*

Sinnlicher Genuß ohne Vereinigung der Seelen ist und bleibt viehisch: nach selbem hat man keine Spur einer edlen Empfindung; vielmehr Reue.

(1817)

*

Tausend schöne Augenblicke verschwinden, wenn Kinder in hölzernen Instituten sind, wo sie bei guten Eltern die seelenvollsten Eindrücke, welche bis ins späteste Alter fortdauern, empfangen könnten. (1817)

*

Ruhe und Freiheit sind die größten Güter. (1817)

*

Wahre Freundschaft kann nur beruhen auf der Verbindung ähnlicher Naturen. (1817)

*

Alles Übel ist geheimnisvoll und für sich allein nur größer, ja populärer, je mehr man sich mit anderen bespricht, viel erträglicher nur dadurch, daß das, was wir fürchten, völlig bekannt wird, ist es, als hätte man irgendein großes Übel überwunden. (1817)

*

Das Alleinleben ist wie Gift für dich bei deinem gehörlosen Zustand: Argwohn muß bei einem niederen Menschen um dich stets gehegt werden. (1817)

*

Die Schwachheiten der Natur sind durch die Natur selbst gegeben, und die Herrscherin Vernunft soll sie durch ihre Stärke zu leiten und zu vermindern suchen. (1817)

*

Meine Skrupel müssen nun aufhören, und ich kann wohl denken, daß sich die Witwe (Johanna, die Mutter des Neffen Karl) nicht schlecht bedacht, welches ich ihr von Herzen wünsche. Das Meinige, o Herr, hab' ich erfüllt. – Es sei möglich gewesen ohne Kränkung der Witwe, war aber nicht an dem. – Nur du, Allmächtiger, siehst in mein Herz, weißt, daß ich mein eigenes Beste um meines teuren Karl willen zurückgesetzt habe. Segne mein Werk, segne die Witwe! – Warum kann ich nicht ganz meinem Herzen folgen und sie, die Witwe, fördern?

Gott, Gott, mein Hort, mein Fels, o mein Alles! Du siehst mein Inneres und weißt, wie wehe es mir tut, jemanden leiden machen müssen bei meinem guten Werke für meinen teuren Karl!!! O höre, stets Unaussprechlicher, höre mich, deinen unglücklichen, unglücklichsten aller Sterblichen!

(1818)

*

Um wahre Kirchenmusik zu schreiben, alle Kirchenchoräle der Mönche usw. durchgehen; heraussuchen, wie die Absätze in richtigsten Übersetzungen nebst vollkommener Prosodie aller christkatholischen Psalmen und Gesänge überhaupt. (1818)

*

Opfere noch einmal alle Kleinigkeiten des gesellschaftlichen Lebens deiner Kunst! O Gott über alles! (1818)

*

Gelassen will ich mich also allen Veränderungen

unterwerfen und nur auf Deine unwandelbare Güte, o Gott, mein einziges Vertrauen setzen. (1818)

*

Ein kleines Haus allda, so klein, daß man allein nur ein wenig Raum hat! Nur einige Tage in dieser göttlichen Brühl (bei Baden bei Wien)! Sehnsucht oder Verlangen, Befreiung oder Erfüllung! (1818)

*

Das moralische Gesetz in uns und der gestirnte Himmel über uns! Kant!!!! (1820)

Zitiert nach der sogenannten «Fischhoff'schen Handschrift», einer von dem Wiener Musiker Joseph Fischhoff nach 1820 zusammengestellten Sammlung von Abschriften von Beethovens auf Notenskizzen und sonstigen verstreuten Blättern gelegentlich angebrachten tagebuchartigen Notizen.

EINE «UNBEDEUTENDE BEDEUTENDHEIT»

«Van» bezeichnet den Adel und das Patriziat nur wenn es zwischen zwei Eigennamen in der Mitte steht, zum Beispiel: Bentink van Dieperheim, Hooft van Vrenland, usw. usw. Bei Niederländern würde man die beste Auskunft über diese unbedeutende Bedeutendheit erhalten.

*

Es ist auffallend, daß hier eine Lücke herrscht. Die sollte ausgefüllt werden, denn ich gehöre gemäß meiner Beschäftigung nicht unter diese Plebejermasse.

*

Abgeschlossen soll der Bürger von höheren Menschen sein, und ich bin unter ihn geraten.

Beethoven in Gesprächen im Dezember 1819 und Januar 1820.

SCHWIERIGKEITEN DES VORMUNDS

Einen einzigen Fehler beging ich; aber so wenig man einem Vater (und das war ich und bin ich) seine Kinder wegnimmt, ebensowenig hoffe ich, daß man mir deswegen die Vormundschaft nehmen könnte, da ich mich allzeit nur gleich und dem Zweck entsprechend benommen habe.

*

Wie ich fürs Beichten gesinnt bin, kann man aus dem abnehmen, daß ich Karl selbst zum Abt von St. Michael führte zur Beichte. Der aber erklärte, daß, solange er die Mutter frequentieren müsse, alles Beichten nichts helfen würde.

*

Man wird mir vorwerfen, dieses und jenes getan zu haben, allein bei einer strengen Untersuchung kann ich bestehen... Ich lasse mich mehr auf das Allgemeine ein. Ich übergehe die Mißhandlungen, denen ich von allen Seiten ausgesetzt war, und man wird merken, wie fest und unerschütterlich ich war. Sokrates und Jesus waren mir Muster.

Beethoven in Gesprächen im Januar 1820.

GRUNDSÄTZE

Die Welt ist ein König, und sie will geschmeichelt sein, soll sie sich günstig zeigen. Doch wahre Kunst ist eigensinnig und läßt sich nicht in schmeichelnde Formen zwängen.

*

Berühmte Künstler sind befangen stets. Darum ihre ersten Werke auch die besten; obschon aus dunklem Schoße entsprossen.

*

Man sagt: die Kunst sei lang, kurz das Leben. – Lang ist das Leben nur, kurz die Kunst. Soll uns ihr Hauch zu den Göttern heben, so ist er eines Augenblickes Gunst.

Beethoven in Gesprächen im Februar 1820.

Beethoven erlaubte sich selbst gegen intime Freunde nur selten, ein Urteil über Kunstgenossen zu fällen. Was er jedoch von den nachstehenden Meistern dachte, mögen seine eigenen Worte bekräftigen:

«Cherubini ist mir unter allen lebenden Opernkomponisten der achtungswerteste. Auch mit seiner Auffassung des Requiems bin ich ganz einverstanden und will mir, komme ich nur einmal dazu, selbst eines zu schreiben, manches ad notam nehmen.»

*

«Weber hat zu spät angefangen zu lernen; die Kunst konnte sich nimmer recht natürlich entfalten, und sein sichtliches einziges Streben ging dahin, für genial zu gelten.»

*

«Mozarts größtes Werk bleibt ‹Die Zauberflöte›, denn hier erst zeigte er sich als deutscher Meister. – ‹Don Juan› hat noch ganz den italienischen Zuschnitt, und überdies sollte die heilige Kunst nie zur Folie eines so skandalösen Sujets sich entwürdigen lassen.»

*

«Händel ist der unerreichte Meister aller Meister! Geht hin und lernt, mit wenigen Mitteln so große Wirkungen hervorbringen!»

*

«Was ist Rossini?», wurde er einst gefragt. – Er schrieb zur Antwort: «Ein guter Theatermaler.»

Nach Berichten von Ignaz von Seyfried. – Sein hartes Urteil über Karl Maria von Weber hat Beethoven später nach Kenntnis des «Freischütz» erheblich gemildert.

EIN KANON FÜR DEN VERLEGER

Baden bei Wien, 10. September 1821.

Sehr Bester!
Als ich gestern auf dem Wege nach Wien mich im Wagen befand, überfiel mich der Schlaf, um so mehr, als ich beinahe nie (des Frühaufstehens wegen hier) recht geschlafen hatte. Während ich nun schlummerte, so träumte mir, ich reiste sehr weit, nicht weniger nach Syrien, nicht weniger nach Indien, wieder zurück, nicht weniger nach Arabien, endlich kam ich gar nach Jerusalem. Die heilige Stadt erregte den Gedanken an die heiligen Bücher. Kein Wunder, wenn mir nun auch der Mann Tobias einfiel, und wie natürlich mußte mir also auch unser Tobiasserl und das pertobiasser dabei in den Sinn kommen. Nun fiel mir während

meiner Traumreise folgender Kanon ein: «*O Tobias! Dominus Haslinger, O! O! O Tobias!*»

Allein, kaum erwachte ich, fort war der Kanon, und es wollte mir nichts mehr davon ins Gedächtnis kommen. – Jedoch als ich mich anderen Tages wieder hierher begab, im selben Fuhrwerk (eines armen österreichischen Musikanten), und die gestrige Traumreise wieder, jetzt wachend, fortsetzte, siehe da, gemäß dem Gesetz der Ideenassoziation fiel mir wieder selber Kanon ein. Ich hielt ihn nun wachend fest, wie einst Menelaos den Proteus, und erlaubte ihm nur noch, daß er sich in drei Stimmen verwandeln durfte.

Lebt wohl! Nächstens werde ich auch auf Steiner was einschicken, um zu zeigen, daß er kein steinernes Herz hat. – Lebt wohl, sehr Bester! Wir wünschen allezeit, daß Ihr dem Namen Verleger nie entsprecht und nie in Verlegenheit seid, sondern Verleger, welche nie verlegen sind, weder im Einnehmen noch Ausgeben.

Singt alle Tage die Episteln des heiligen Paulus, geht alle Sonntage zum Pater (Zacharias) Werner, welcher Euch das Büchlein anzeigt, wodurch Ihr von Stund an in den Himmel kommt. – Ihr seht meine Besorgnis für Euer Seelenheil, und ich verbleibe allzeit mit größtem Vergnügen von Ewigkeit zu Ewigkeit

Euer treuester Schuldner

Beethoven

Dem Brief beigefügt war ein Kanon über den genannten Text, sowohl in geschlossener zweistimmiger Form als auch aufgelöst, mit einer hinzugefügten freien dritten Stimme im Tenor. – Tobias Haslinger (1787–1842), der Adressat, war seit 1814 Kompagnon von Siegmund Anton Steiner (1773–1838), des Inhabers der Musikalienhandlung im Paternostergässel in Wien, in der Beethoven oft einkehrte. Beethoven gab seinen Verlegern die Spitznamen «Generalleutnant» (Steiner) und «Adjutant» (Haslinger), wobei er sich selbst als «Generalissimus» zu bezeichnen pflegte.

AM STAMMTISCH

Ich kann es nicht beschreiben, in welcher Stimmung ich (aus der Musikalienhandlung Haslingers) wegging. Derselbe, der alle Welt mit seinen Tönen erquickt, hört keinen, und auch nicht den Ton dessen, der ihm seinen Dank bringen will; ja, dieser wird ihm zur Qual! – Ich war fest entschlossen, ihn nicht wieder zu sehen und Herrn Härtels Auftrag schriftlich an ihn gelangen zu lassen.

Etwa vierzehn Tage darauf will ich eben zu Tisch gehen: da begegnet mir der junge Compositeur Franz Schubert, ein enthusiastischer Verehrer Beethovens. Dieser hatte zu ihm von mir gesprochen. – «Wenn Sie ihn unbefangener und fröhlich sehen wollen», sagte Schubert, «so dürfen Sie nur eben jetzt in dem Gasthause speisen, wohin er alleweile in der selben Absicht gegangen ist.» – Er brachte mich hin.

BEETHOVEN IM JAHRE 1819

Stich von R. Rahn nach einem Gemälde von J. K. Stieler

Die Plätze waren meist besetzt: Beethoven saß umgeben von mehreren seiner Bekannten, die mir fremd waren. Er schien wirklich froh zu sein. So erwiderte er meinen Gruß; aber absichtlich ging ich nicht zu ihm. Doch fand ich einen Platz, wo ich ihn sehen und, weil er laut genug sprach, auch großenteils verstehen konnte.

Es war nicht eigentlich ein Gespräch, das er führte, sondern er sprach allein und meistens ziemlich anhaltend wie auf gut Glück ins Blaue hinaus. Die ihn Umgebenden setzten wenig hinzu, lachten bloß oder nickten ihm Beifall zu. – Er philosophierte, politisierte auch wohl in seiner Art. Er sprach von England und den Engländern, wie er nämlich beide in unvergleichlicher Herrlichkeit sich dachte – was zum Teil wunderlich genug herauskam. – Dann brachte er mancherlei Geschichten von Franzosen aus der Zeit der zweimaligen Einnahme Wiens. Diesen war er gar nicht grün.

Alles das trug er vor in größter Sorglosigkeit und ohne den mindesten Rückhalt; alles auch gewürzt mit höchst originellen, naiven Urteilen oder possierlichen Einfällen. – Er kam mir dabei vor wie ein Mann von reichem, vordringendem Geist, unbeschränkter, nimmer rastender Phantasie, der als heranreifender, höchst fähiger Knabe mit dem, was er bis dahin erlebt und erlernt hätte oder was an Kenntnissen ihm sonst angeflogen wäre, auf eine wüste Insel wäre ausgesetzt worden und dort über jenen Stoff gesonnen und gebrütet hätte, bis ihm seine Fragmente zu Ganzen, seine Einbildungen zu Überzeugungen geworden, welche er nun getrost und zutraulich in die Welt hinausrief.

Johann Friedrich Rochlitz

Nach Aufzeichnungen vom Frühjahr 1822.

ZUSAMMENWOHNEN MIT BRUDER JOHANN?

Oberdöbling, Mai 1822.

Ich bitte Dich, statt heute in den Prater zu fahren, den Weg zu mir zu nehmen mit Deiner Frau und Tochter. – Ich wünsche nichts, als daß das Gute, welches unausbleiblich ist, wenn wir zusammen sind, ungehindert erreicht werde. Wegen Wohnungen habe ich mich erkundigt: es sind ihrer passende genug zu haben, und Du hast eben nicht nötig, viel mehr zu bezahlen als bisher. Bloß ökonomisch betrachtet: wieviel läßt sich auf beiden Seiten ersparen, ohne deswegen nicht auch an einiges Vergnügen zu denken. – Gegen Deine Frau habe ich nichts, ich wünschte nur, daß sie einsehe, wieviel auch für Dein Dasein mit mir gewonnen kann werden, und laß alle armseligen Kleinlichkeiten des Lebens keine Störungen veranlassen…

Friede, Friede sei mit uns! Gott gebe nicht, daß das natürlichste Band zwischen Brüdern wieder unnatürlich zerrissen werde! Ohnehin dürfte mein Leben nicht mehr von langer Dauer sein. – Ich sage noch einmal, daß ich nichts gegen Deine Frau habe, obschon mir ihr Betragen gegen mich jetzt ein paarmal sehr aufgefallen ist, und ohnehin bin ich durch meine jetzt schon dreieinhalbmonatliche Kränklichkeit sehr, ja äußerst empfindlich und reizbar.

Fort mit allem dem, was den Zweck nicht befördern kann, damit ich und mein guter Karl in ein mir besonders nötiges gemäßeres Leben kommen kann!

Johann van Beethoven (1776–1848), Beethovens jüngster Bruder, Apotheker, hatte sich 1812 mit Therese Obermayr, der Tochter eines Bäckers in Wien, verheiratet. Die Ehe blieb kinderlos. Die oben erwähnte «Tochter» (Amalie) war ein 1807 geborenes uneheliches Kind Theresens.

«KEIN HANDELSMANN BIN ICH...»

Obschon ich mit Steiner vor einigen Tagen zusammengekommen und ihn scherzweise fragte, was er mir mit von Leipzig gebracht hätte, erwähnte er Ihres Auftrags auch mit keiner Silbe, sowie auch Ihrer selbst, drang aber sehr heftig in mich, ihm zu versichern, daß ich nur ihm allein sowohl meine jetzigen als auch zukünftigen Werke geben sollte, und dieses zwar kontraktmäßig. Ich lehnte es ab. – Dieser Zug beweist Ihnen genug, warum ich öfter anderen auswärtigen und auch inländischen Verlegern den Vorzug gebe. Ich liebe die Gradheit und Aufrichtigkeit und bin der Meinung, daß man den Künstler nicht schmälern soll; denn leider, ach, so glänzend auch die Außenseite des Ruhmes ist, ist ihm doch nicht vergönnt, alle Tage im Olymp bei Jupiter zu Gaste zu sein; leider zieht ihn die gemeine Menschheit nur allzuoft und widrig aus diesen reinen Ätherhöhen herab.

Das größte Werk, welches ich bisher geschrieben, ist eine große Messe mit Chören und vier obligaten Singstimmen und großem Orchester. Mehrere haben sich darum beworben, 100 schwere Louisdor hat man mir dafür geboten, ich verlange unterdessen wenigstens 1000 Gulden Conventions-Münze im Zwanzig-Gulden-Fuß – wofür ich auch den Klavierauszug selbst verfertigen würde. – Variationen über einen Walzer für Klavier allein (es sind viele): ein Honorar von 30 Dukaten in Gold, N.B. Wiener Dukaten.

Was Gesänge betrifft, so habe ich deren größere ausgeführte, so zum Beispiel eine komische Arie mit ganzem Orchester auf den Text von Goethe «Mit Mädeln sich vertragen» usw. Wieder eine andere Arie ähnlicher Gattung, wofür ich für jede 16 Stück Dukaten verlange (nach Verlangen Klavierauszug dazu). – Für mehrere ausgeführte Gesänge mit Klavier für jeden derselben 12 Dukaten, worunter sich auch eine kleine italienische Kantate befindet mit Rezitativ; auch unter den deutschen Gesängen befindet sich ein Gesang mit Rezitativ. – Für ein Lied mit Klavier 8 Dukaten. – Für eine Elegie für vier Singstimmen mit Begleitung von zwei Violinen, Viola, Violoncell ein Honorar von 24 Stück Dukaten. – Für einen Derwisch-Chor mit ganzem Orchester 20 Stück Dukaten.

Von Instrumentalmusik wäre noch folgendes: Ein großer Marsch für ganzes Orchester mit Klavierauszug für 12 Dukaten, geschrieben zu dem Trauerspiel «Tarpeja». – Eine Violinromanze (Solo mit ganzem Orchester) für 15 Dukaten. – Ein großes Terzett für zwei Oboen und ein Englisches Horn (könnte auch auf andere Instrumente übertragen werden) für 30 Dukaten. – Vier Militärische Märsche mit türkischer Musik, auf Verlangen bestimme ich das Honorar. – Bagatellen oder Kleinigkeiten für Klavier allein, auf Verlangen das Honorar. Obige Werke sind alle fertig. – Für eine Solosonate für Klavier 40 Dukaten, welche Sie bald haben könnten. – Ein Quartett für zwei Violinen, Bratsche und Violoncell 50 Dukaten, welches Sie ebenfalls bald erhalten könnten.

Näher als das alles liegt mir die Herausgabe meiner sämtlichen Werke sehr am Herzen, da ich selbe in meinen Lebzeiten besorgen möchte. Wohl manche Anträge erhielt ich, allein es gab Anstände, die kaum von mir zu heben waren und die ich nicht erfüllen wollte und konnte. Ich würde die ganze Herausgabe in zwei, auch möglich in ein oder anderthalb Jahren mit den nötigen Hilfsleistungen besorgen, ganz redigieren und zu jeder Gattung Komposition ein neues Werk liefern, zum Beispiel zu den Variationen ein neues Werk Variationen, zu den Sonaten ein neues Werk Sonaten, und so fort zu jeder Art, worin ich etwas geliefert habe, ein neues Werk, und für alles dieses zusammen verlangte ich zehntausend Gulden Conventions-Münze im Zwanzig-Gulden-Fuß.

Kein Handelsmann bin ich und wünschte eher, es wäre in diesem Stück anders. Jedoch ist die Konkurrenz, welche mich, da es einmal nicht anders sein kann, hierin leitet und bestimmt.

Ich bitte Sie um Verschwiegenheit, indem, wie Sie schon aus den Handlungen dieser Herren ersehen können, ich sonst mancherlei Plackereien ausgesetzt bin. Erscheint einmal etwas bei Ihnen, alsdann kann man mich nicht mehr plagen. – Es sollte mir erwünscht sein, wenn sich ein Verhältnis zwischen uns anknüpfte, indem mir manches Gute von Ihnen versichert worden ist. Sie würden alsdann auch finden, daß ich lieber mit jemandem von dieser, als mit so manchem der gewöhnlichen Gattung zu tun hätte.

Ich bitte Sie um eine schnelle Antwort, indem

ich gerade im Begriff bin, mich mit der Herausgabe mancher Werke jetzt entschließen zu müssen. Wie leid ist es mir, daß Steiner, welcher schätzungswürdige Eigenschaften hat, sich hier wieder als gemeiner Kaufmann gezeigt hat.

Am 5. Juni 1822 aus Wien an den Verleger Carl Friedrich Peters in Leipzig. – Zitiert nach dem Entwurf Beethovens. In dem tatsächlich abgesandten Brief fehlte der letzte, Steiner betreffende Satz. – Der Verlag Peters veröffentlichte zu Beethovens Lebzeiten kein einziges seiner Werke.

VORKÄMPFER DER AUTORENRECHTE

Wie die Gesetzbücher sogleich bei den Menschenrechten, welche die Vollzieher bei alledem mit Füßen treten, anfangen, so der Autor.

Ein Autor hat das Recht, eine revidierte Ausgabe seiner Werke zu veranstalten. Da es aber der leckeren Gehirnskoster und Liebhaber dieser edlen Speise so viel gibt und allerlei Eingemachtes, Ragout, Frikassé etc. davon zubereitet wird, wovon sich die Pastetenbäcker bereichern, und der Autor froh wäre, soviel Groschen zu haben, als man zuweilen für sein Werk (Taler?) hinausgibt, so will der Autor zeigen, daß das Menschengehirn weder wie Kaffeebohnen noch sonst wie Käse verkauft werden könne, welcher bekanntlich erst aus Milch, Urin etc. zustande gebracht wird.

Das Menschengehirn ist an sich unveräußerlich.

Kurzum, man zeige die Rechtmäßigkeit einer revidierten Ausgabe aller Werke von mir an, da so viele unrichtige, verfälschte herumwandeln (Anarchie). (Unter uns gesagt, so republikanisch wir denken, so hat's auch sein Gutes um die oligarchische Aristokratie.)

(Man zeige an), daß man der Kunst selbst schuldig sei, die Fortschritte des Künstlers und der Kunst zu bemerken, daß jedes Heft von einer Gattung mit einem derlei neuen Werk in dieser Gattung gepaart sei, daß man hiermit nur die Anzeige mache, daß eine sämtliche Herausgabe meiner Werke nahe, jedoch der Zeitpunkt dieses großen Unternehmens noch nicht genau angegeben werden könne, und daß man eine vollständig revidierte Herausgabe sämtlicher Werke im Begriff sei, zu veranstalten.

Entwurf Beethovens aus dem Jahre 1822, wahrscheinlich für einen Brief an einen Verleger bestimmt. – Nach dem im Beethovenhaus zu Bonn befindlichen Autographen.

BÜHNENMUSIK ZU GOETHES «FAUST»

«Da kennen Sie also auch den großen Goethe, nicht?» sagte Beethoven. – Ich nickte, und das tüchtig. – «Ich kenne ihn auch», fuhr er fort, indem er sich in die Brust warf und helle Freude aus seinen Zügen sprach. – «In Teplitz hab' ich ihn kennengelernt vor Gott weiß wie langer Zeit. Ich war damals noch nicht so taub wie jetzt; aber schwer hörte ich schon. – Was hat der große Mann da für Geduld mit mir gehabt! Und was hat er an mir getan!» – Er erzählte vielerlei kleine Geschichtchen und höchst erfreuliche Details. – «Wie glücklich hat mich das damals gemacht! Totschlagen hätte ich mich für ihn lassen und zehnmal! – Damals, als ich so recht im Feuer saß, hab' ich mir auch meine Musik zu seinem ‹Egmont› ausgesonnen, und sie ist gelungen – nicht wahr?»

Was ich nur von Bewegungen zum Ausdruck der Freude wußte, machte ich ihm vor. Dann schrieb ich auf, daß wir diese Musik nicht nur zu jeder Vorstellung des «Egmont», sondern auch fast jedes Jahr einmal im Konzerte geben, mit einer Art Erläuterung, meistens aus jenen Szenen des Gedichts, worauf sich die Musik zunächst bezieht, zusammengerückt.

«Ich weiß! Ich weiß!» rief er. – «Seit dem Teplitzer Sommer lese ich im Goethe alle Tage – wenn ich nämlich überhaupt lese. Er hat den Klopstock bei mir totgemacht. – Sie wundern sich? – Nun lachen Sie? – Aha, darüber, daß ich den Klopstock gelesen habe! – Ich habe mich jahrelang mit ihm getragen, wenn ich spazieren ging und sonst. Ei nun, verstanden hab' ich ihn freilich nicht überall.

Er springt so herum, er fängt auch immer gar zu weit von oben herunter an, immer maestoso! Des-Dur! Nicht? – Aber er ist doch groß und hebt die Seele. – Wo ich ihn nicht verstand, da riet ich doch – so ungefähr. – Wenn er nur nicht immer sterben wollte! Das kömmt so wohl zeitig genug. – Nun, wenigstens klingt's immer gut usw. – Aber der Goethe, der lebt, und wir alle sollen mitleben! – Darum läßt er sich auch komponieren. Es läßt sich keiner so gut komponieren wie er. Ich schreibe nur nicht gern Lieder –»

Hier, lieber Härtel, hatte ich nun die schönste Gelegenheit, jene Idee und Ihren Auftrag anzubringen. Ich schrieb den Vorschlag und Ihre Zusage auf, indem ich ein möglichst ernstes Gesicht machte. – Er las. – «Ha!» rief er aus und warf die Hand hoch empor. «Das wäre ein Stück Arbeit! Da könnt es was geben!» – In dieser Art fuhr er eine Weile fort, malte den Gedanken sich sogleich und gar nicht übel aus und sah dabei zurückgebeugten Hauptes starr an die Decke.

«Aber», begann er hernach, «ich trage mich schon eine Zeit her mit drei anderen großen Werken. Viel dazu ist schon ausgeheckt, im Kopfe nämlich. Diese muß ich erst vom Halse haben: zwei große Symphonien und jede anders, jede auch anders als meine übrigen, und ein Oratorium. Und damit wird's lange dauern; denn, sehen Sie, seit einiger Zeit bring' ich mich nicht mehr leicht zum Schreiben. Ich sitze und sinne: ich hab's lange, aber es will nicht aufs Papier. Es grauet mir vorm Anfang so großer Werke. Bin ich drin, da geht's wohl...»

Und so fuhr er noch lange fort. – Da zweifle ich nun; doch wollen wir hoffen, weil ihn der Gedanke reizt und er einmal über das andere versichert, ihn nicht außer acht lassen zu wollen.

Johann Friedrich Rochlitz

Am 9. Juli 1822 aus Baden bei Wien an den Musikverleger Gottfried Christoph Härtel in Leipzig, der ihn beauftragt hatte, Beethoven den Vorschlag zu machen, eine Bühnenmusik zu Goethes «Faust» zu schreiben. – Mit dem «Faust»-Projekt hängt auch die folgende Notiz zusammen, die Beethoven im April 1823 im Gespräch mit Johannes Bihler in ein Konversationsheft eintrug:

Ich schreibe nur *das* nicht, was ich am liebsten möchte, sondern des Geldes wegen, was ich brauche. Es ist deswegen nicht gesagt, daß ich doch *bloß* ums Geld schreibe. – Ist diese Periode vorbei, so hoffe ich endlich zu schreiben, was mir und der Kunst das Höchste ist: Faust!

«AUFGEKNÖPFT»

Unsere dritte Zusammenkunft war die heiterste von allen. Beethoven kam hierher nach Baden, und zwar diesmal ganz nett und sauber, ja elegant. Doch hinderte ihn dies nicht (es war ein heißer

Tag), bei einem Spaziergang im Helenental – und das heißt auf dem Wege, den alles, selbst der Kaiser und sein hohes Haus geht und wo alle auf meist schmalem Pfade hart aneinander vorbei müssen – den feinen schwarzen Frack auszuziehen, ihn am Stocke auf dem Rücken zu tragen und bloßarmig zu wandern. Er blieb von ungefähr vormittags zehn bis nachmittags sechs Uhr…

Diese ganze Zeit über war er überaus fröhlich, mitunter höchst possierlich, und alles, was ihm in den Sinn kam, mußte heraus. – «Ich bin nun einmal heute aufgeknöpft», so nannte er's, und bezeichnend genug.

Sein ganzes Reden und Tun war eine Kette von Eigenheiten und zum Teil höchst wunderlichen. Aus allen leuchtete aber eine wahrhaft kindliche Gutmütigkeit, Sorglosigkeit, Zutraulichkeit gegen alle, die ihm nahekamen, hervor. – Selbst seine keifenden Tiraden – wie jene gegen die jetzigen Wiener – sind nur Explosionen der Phantasie und augenblicklichen Aufgeregtheit. Sie werden ohne allen Hochmut, ohne alles Erbitterte und Gehässige der Gesinnung, sie werden mit leichtem Sinn, gutem Mute, in wirrig humoristischer Laune herausgepoltert, und damit ist's aus.

Auch beweist er im Leben – und für seine Subsistenz nur allzuoft und allzuentscheidend –, daß er demselben, der ihn schwer verletzt und gegen den er in der einen Stunde am heftigsten geeifert, in der zweiten den letzten Taler hingibt, wenn dieser ihn nötig hat.

Da nun zu alledem noch das froheste Anerkenntnis fremder, wenn nur wahrhaft ausgezeichneter und zugleich wahrhaft selbständiger Verdienste kömmt (wie spricht er von Händel, Bach, Mozart!), da er über die größeren seiner Arbeiten sich zwar nicht meistern läßt (und wer hätte auch dazu das Recht?), aber wahrlich sie nicht überschätzt, und die kleineren lachend mehr preisgibt als vielleicht irgendein anderer, da überdies, ist er einmal in Bewegung gesetzt, derbschlagende Witzworte, possierliche Einfälle, überraschende, aufregende Kombinationen und Paradoxien ihm immerfort zuströmen, so behaupte ich in vollem Ernst: er erscheint selbst liebenswürdig, oder erschrickst Du hier vor diesem Worte, so sage ich: der dunkle, ungeleckte Bär hält sich so treumütig und zutraulich, brummt auch und schüttelt die Zottelchen so gefahrlos und kurios, daß man sich freuen und ihm gut sein müßte, sogar wenn er nichts wäre als solch ein Bär, und nichts geleistet hätte, als was nun eben ein solcher kann.

Johann Friedrich Rochlitz

Am 9. Juli 1822 aus Baden bei Wien an Gottfried Christoph Härtel in Leipzig. – Über Rochlitz (1769–1842), den Beethoven besonders schätzte und den er zu seinem Biographen bestimmte. (Siehe auch Seite 251)

Im Sommer 1822 hatte ich meinen Aufenthalt in Döbling genommen. Die beständige Witterung dieses außerordentlichen Weinjahres lockte mich natürlich oft nach den anmutigen Partien des nahen Hügellandes. Ich hatte eines Tages ganz in der Nähe Heiligenstadts eine Einsattelung betreten, welche von zwei Hügelreihen gebildet wurde und welche nebst einem Fußsteig nur noch Raum für ein geschwätziges Bächlein gewährte. – In Gedanken zwischen Gebüschen und Baumgruppen dahinschlendernd, weckt mich ein unerwarteter Anblick: Auf dem Wiesengrunde des Hügelabhanges zwischen Bäumen und dem Bache sehe ich einen Mann gelagert, in etwas ungeordneter Kleidung, den gedankenschweren, geistreichen, wildschönen Kopf in die linke Hand gestützt und den Blick auf ein Notenblatt geheftet, in das er mit der Rechten mystische Runenzüge eingrub, während er in den Zwischenpausen mit den Fingern trommelte. – «Ah, Beethoven!» rief ich in Gedanken aus.

Ich hatte ihn eine Weile mit dem höchsten Interesse beobachtet und wollte mich soeben, um ihn in seinen Künstlerträumen nicht zu stören, nach der Richtung, woher ich gekommen war, wieder zurückziehen, als er plötzlich das Haupt erhob und unsere Blicke sich begegneten. Ich grüßte ihn, was er kurz erwiderte. Unwillkürlich gefesselt trat ich näher und entschuldigte, daß ich ihn gestört hätte. – «Der Weg ist für jedermann.» – «Darf ich wissen, was da gerade im Entstehen ist?» – «Dummes Zeug, ein Orchesterstück, das ich hier aufführen will, um die Gelsen (Mücken) und Ameisen zu vertreiben.» – Hiermit war die Unterhaltung aus. Er starrte auf das Notenblatt, trommelte, schrieb und vergaß ganz und gar auf den Nachbar. Endlich entfernte ich mich leise, und er war so verloren, daß er es nicht bemerkte. – Ich begegnete ihm nun öfter. Obwohl damals schon sehr schwerhörig, war er doch dem Umgange mit Menschen noch nicht ganz verschlossen. Wir wurden bald näher bekannt.

Eines Tages begleitete ich ihn eine Strecke. Wir sprachen über Kunst, Musik und endlich über «Lear» und «Macbeth». Wie zufällig warf ich die Bemerkung hin, daß mich schon öfter der Gedanke beschäftigt habe, ob er nicht als Seitenstück zur «Egmont»-Musik den «Macbeth» musikalisch illustrieren solle. – Der Gedanke schien ihn zu elektrisieren. Er blieb wie angewurzelt stehen, sah mich mit einem durchdringenden, fast dämonischen Blicke an und erwiderte hastig: «Ich habe mich auch schon damit beschäftigt. Die Hexen, die Mordszene, das Geistermahl, die Kesselerscheinungen, die Nachtwandelszene, Macbeths Todesraserei!» – Es war im höchsten Grade interessant, seinem Mienenspiel zu folgen, in welchem sich die blitzschnellen Gedanken jagten. In wenigen Minuten hatte sein Genius das ganze Trauerspiel durchgearbeitet. Bei der nächsten Frage, die ich an ihn richtete, drehte er sich um und rannte nach einer flüchtigen Begrüßung davon. – Leider war aber seiner stürmischen Erregung nicht die Tat gefolgt. Als ich nach einiger Zeit das Thema noch einmal berührte, fand ich ihn verdrießlich und schwieg.

Heinrich Anschütz

In den 1886 veröffentlichten «Erinnerungen» des Burgschauspielers Heinrich Anschütz (1785–1865).

EIGENART DES SCHAFFENS

Eines Tages (im Jahre 1823) brachte ich ihm eine neue, etwas komplizierte Komposition von mir. Nachdem er sie aufmerksam durchgelesen, äußerte er: «Sie geben zu viel, weniger wäre besser gewesen. Das liegt eben in der himmelstürmenden Jugend, die nie genug zu tun meint, wird sich aber mit der reiferen Zeit schon geben, und lieber ist mir immer noch ein Überfluß als ein Mangel an Ideen.»

«Wie soll man es denn anfangen, das Rechte zu finden und – wie sind Sie selbst zu diesem hohen Ziel gelangt?» setzte ich schüchtern hinzu.

«Ich trage meine Gedanken lange, oft sehr lange mit mir herum, ehe ich sie niederschreibe», antwortete er. «Dabei bleibt mir mein Gedächtnis so treu, daß ich sicher bin, ein Thema, das ich einmal erfaßt habe, selbst nach Jahren nicht zu vergessen. Ich verändere manches, verwerfe und versuche aufs neue so lange, bis ich damit zufrieden bin. Dann beginnt in meinem Kopfe die Verarbeitung in die Breite, in die Enge, Höhe und Tiefe, und da ich mir bewußt bin, was ich will, so verläßt mich die zugrundeliegende Idee niemals: sie steigt, sie wächst empor, ich höre und sehe das Bild in seiner ganzen Ausdehnung wie in einem Gusse vor meinem Geist stehen, und es bleibt mir nur die Arbeit des Niederschreibens, die rasch vonstatten geht, je nachdem ich die Zeit erübrige, weil ich zuweilen mehreres zugleich in Arbeit nehme, aber sicher bin, keines mit dem andern zu verwirren. – Sie werden mich fragen, woher ich meine Ideen nehme? – Das vermag ich mit Zuverlässigkeit nicht zu sagen: sie kommen ungerufen, mittelbar, unmittelbar, ich könnte sie mit Händen greifen, in der freien Natur, im Walde, auf Spaziergängen, in der Stille der Nacht, am frühen Morgen, angeregt durch Stimmungen, die sich bei dem Dichter in Worte, bei mir in Töne umsetzen, klingen, brausen, stürmen, bis sie endlich in Noten vor mir stehen.»

Mit unbeschreiblichen Empfindungen hatte ich zugehört, sein Wort tief in mein Herz geschlossen.

Louis Schlösser

In seinen 1885 veröffentlichten «Persönlichen Erinnerungen an Beethoven». Der deutsche Komponist und Kapellmeister Louis Schlösser (1800–1886) war 1823 in Wien mit Beethoven in freundschaftlichem Verkehr.

DIRIGENT EINER «FIDELIO»-PROBE

Unter der Leitung meiner geistreichen Mutter war mir mancher Zug in dem Charakter der Leonore deutlich geworden; indessen war ich noch zu jung (18 Jahre), zu wenig in meinem Innern entwickelt, um ein vollkommenes Verständnis dessen zu haben, was in der Seele einer Leonore vorging, für welche Affekte Beethoven seine unsterblichen Harmonien gefunden. Auf den Proben, die der damalige Kapellmeister Umlauf leitete, wurde bald das Unzureichende meiner unentwickelten Kinderstimme erkannt und mir vieles in meiner Partie geändert, damit der Effekt nicht allzusehr leide.

Die letzten Proben waren angesetzt, als ich vor der Generalprobe erfuhr: Beethoven habe sich für die Feier des Tages (des Namenstages der Kaiserin) die Ehre ausgebeten, sein Werk selbst dirigieren zu dürfen. – Mich überfiel bei dieser Nachricht eine unsägliche Angst, und noch erinnere ich mich meiner grenzenlosen Ungeschicklichkeit auf der letzten Probe, die meine arme Mutter wie die mich umgebenden Mitwirkenden zur Verzweiflung brachte. – Aber Beethoven saß im Orchester und schwang den Taktstock über aller Häupter, und ich hatte den Mann vorher nie gesehen!

Damals war das physische Ohr des Meisters bereits für alle Klänge verschlossen. Verwirrten Antlitzes, mit überirdisch begeistertem Auge seinen Taktstock unter heftigen Bewegungen hin und her schwingend, stand er mitten unter den spielenden Musikern und hörte keinen Ton! – Sollte nach seiner Meinung piano gespielt werden, so kroch er fast unter das Notenpult, und wollte er forte, so sprang er hoch empor mit den seltsamsten Gebärden, die wunderlichsten Laute ausstoßend. – Mit jedem Musikstücke wurde uns ängstlicher zumute, und mir war es, als ob ich eine von Hoffmanns phantastischen Figuren vor mir auftauchen sähe.

Es konnte nicht fehlen, daß der gehörlose Meister Sänger und Orchester in die größte Konfusion und gänzlich aus dem Takt brachte, und keiner mehr wußte, wo er war. – Von alledem aber wußte Beethoven nichts, und so brachten wir die Probe mit Mühe zu Ende, von welcher er ganz befriedigt zu sein schien, denn er legte mit heiterem Lächeln den Taktstock aus der Hand.

Unmöglich aber war es, ihm die Aufführung selbst anzuvertrauen, und Kapellmeister Umlauf mußte das herzzerreißende Geschäft übernehmen, ihn darauf aufmerksam zu machen, daß unter seiner

Leitung die Oper nicht gehen könne. – Mit einem wehmütigen Blicke zum Himmel soll er resigniert haben, und so fand ich ihn den folgenden Abend (3. November 1822) bei der Aufführung in tiefsinniges Nachdenken versunken, hinter Umlauf im Orchester sitzen. Mit gespannter Aufmerksamkeit verfolgte er die ganze Darstellung, und es schien, als wolle er aus jeder unserer Bewegungen erschauen, ob wir ihn auch nur halb verstanden.

Wilhelmine Schröder-Devrient

Im «Beethoven-Album», Stuttgart 1846.

ALS BITTSTELLER VOR GOETHE

Wien, 8. Februar 1823.

Eure Exzellenz!

Immer noch, wie von meinen Jünglingsjahren an, lebend in Ihren unsterblichen, nie veraltenden Werken, und die glücklichen in Ihrer Nähe verbrachten Stunden nie vergessend, tritt doch der Fall ein, daß auch ich mich einmal in Ihr Gedächtnis zurückrufen muß.

Ich hoffe, Sie werden die Zuneigung an E. E. von «Meeresstille» und «Glückliche Fahrt» in Töne gebracht von mir, erhalten haben. Beide schienen mir ihres Kontrastes wegen sehr geeignet, auch diesen durch Musik mitteilen zu können. Wie lieb würde es mir sein, zu wissen, ob ich passend meine Harmonie mit der Ihrigen verbunden, auch Belehrung, welche gleichsam als Wahrheit zu betrachten, würde mir äußerst willkommen sein; denn letztere liebe ich über alles, und es wird bei mir nie heißen: Veritas odium parit. – Es dürften bald vielleicht mehrere Ihrer immer einzig bleibenden Gedichte in Töne gebracht von mir erscheinen, worunter auch «Rastlose Liebe» sich befindet. Wie hoch würde ich eine allgemeine Anmerkung überhaupt über das Komponieren oder in Musik setzen Ihrer Gedichte achten!

Nun eine Bitte an Eure Exzellenz: Ich habe eine große Messe geschrieben, welche ich aber noch nicht herausgeben will, sondern nur bestimmt ist, an die vorzüglichsten Höfe gelangen zu machen. Das Honorar beträgt nur 50 Dukaten. – Ich habe mich in dieser Absicht an die Großherzogliche Weimarische Gesandtschaft gewendet, welche das Gesuch an Seine Großherzogliche Durchlaucht auch angenommen und versprochen hat, es an selbe gelangen zu machen. – Die Messe ist auch als Oratorium gleichfalls aufzuführen, und wer weiß nicht, daß heutigen Tages die Vereine für die Armut dergleichen benötigt sind! – Meine Bitte besteht darin, daß Eure Exzellenz Seine Großherzogliche Durchlaucht hierauf aufmerksam machen möchten, damit Höchstdieselbe auch hierauf subskribierten. Die Großherzogliche Weimarische

Gesandtschaft eröffnete mir, daß es sehr zuträglich sein würde, wenn der Großherzog vorher schon dafür gestimmt würde.

Ich habe so vieles geschrieben, aber erschrieben – beinahe gar nichts. – Nun aber bin ich nicht mehr allein. Schon über sechs Jahre bin ich Vater eines Knaben meines verstorbenen Bruders, eines hoffnungsvollen Jünglings im 16. Jahre, den Wissenschaften ganz angehörig und in den reichen Schriften der Griechheit schon ganz zu Hause. Allein in diesen Ländern kostet dergleichen sehr viel, und bei studierenden Jünglingen muß nicht allein an die Gegenwart, sondern selbst an die Zukunft gedacht werden, und so sehr ich sonst bloß nur nach oben gedacht, so müssen doch jetzt meine Blicke auch sich nach unten erstrecken. Mein Gehalt ist ohne Gehalt. Meine Kränklichkeit, seit mehreren Jahren, ließ es nicht zu, Kunstreisen zu machen und überhaupt alles das zu ergreifen, was zum Erwerb führt. Sollte ich meine gänzliche Gesundheit wieder erhalten, so dürfte ich wohl noch manches andere besser erwarten dürfen.

Eure Exzellenz dürfen aber nicht denken, daß ich wegen der jetzt gebetenen Verwendung für mich Ihnen «Meeresstille» und «Glückliche Fahrt» gewidmet hätte. Dies geschah schon im Mai 1822, und die Messe auf diese Weise bekannt zu machen, daran ward noch nicht gedacht, bis jetzt vor einigen Wochen.

Die Verehrung, Liebe und Hochachtung, welche ich für den einzigen unsterblichen Goethe von meinen Jünglingsjahren schon hatte, ist immer mir geblieben. So was läßt sich nicht wohl in Worte fassen, besonders von einem solchen Stümper wie ich, der nur immer gedacht hat, die Töne sich eigen zu machen. Allein ein eigenes Gefühl treibt mich immer, Ihnen soviel zu sagen, indem ich in Ihren Schriften lebe.

Ich weiß, Sie werden nicht ermangeln, einem Künstler, der nur zu sehr gefühlt, wieweit der bloße Erwerb von ihr (der Kunst) entfernt, einmal sich für ihn zu verwenden, wo Not ihn zwingt, auch wegen anderen für andere zu walten, zu wirken. Das Gute ist uns allzeit deutlich, und so weiß ich, daß E.E. meine Bitte nicht abschlagen werden.

Einige Worte von Ihnen an mich würden Glückseligkeit über mich verbreiten.

Eure Exzellenz mit der innigsten, unbegrenztesten Hochachtung verehrender

Beethoven

Goethe hat diesen Brief anscheinend nicht beantwortet, was wohl auf den schlechten Gesundheitszustand zurückzuführen ist, in dem er selbst sich damals befand. – Der Weimarische Hof gehörte jedenfalls nicht zu den Subskribenten auf die «Missa solemnis». – Am gleichen Tage schrieb Beethoven in der gleichen Angelegenheit auch an Karl Friedrich Zelter nach Berlin. Hier waren seine Bemühungen erfolgreich: sowohl der König von Preußen als auch der Fürst Radziwill (der das Großherzogtum Posen für Preußen verwaltete) subskribierten auf die Messe.

Plötzlich kam mir von dem damaligen Oberleiter der beiden Hoftheater, dem Grafen Moritz Dietrichstein, die Kunde, Beethoven habe sich an ihn gewendet, ob er mich vermögen könne, für ihn, Beethoven, ein Opernbuch zu schreiben. – Diese Anfrage, gestehe ich es nur, setzte mich in nicht geringe Verlegenheit. Einmal lag mir der Gedanke, je ein Opernbuch zu schreiben, an sich schon fern genug, dann zweifelte ich, ob Beethoven, der unterdessen völlig gehörlos geworden war und dessen letzte Kompositionen unbeschadet ihres hohen Wertes einen Charakter von Herbigkeit angenommen hatten, der mir mit der Behandlung der Singstimmen im Widerspruche zu stehen schien – ich zweifelte, sage ich, ob Beethoven noch imstande sei, eine Oper zu komponieren. Der Gedanke aber, einem großen Manne vielleicht Gelegenheit zu einem für jeden Fall höchst interessanten Werke zu geben, überwog alle Rücksichten, und ich willigte ein.

Unter den dramatischen Stoffen, die ich mir zu künftiger Bearbeitung aufgezeichnet hatte, befanden sich zwei, die allenfalls eine opernmäßige Behandlung zuzulassen schienen. Der eine bewegte sich im Gebiete der gesteigertsten Leidenschaft. Aber nebstdem, daß ich keine Sängerin wußte, die der Hauptrolle gewachsen wäre, wollte ich auch nicht Beethoven Anlaß geben, den äußersten Grenzen der Musik, die ohnehin schon wie Abstürze drohend dalagen, durch einen halb diabolischen Stoff verleitet, noch näherzutreten.

Ich wählte daher die Fabel der Melusine, schied die reflektierenden Elemente nach Möglichkeit aus und suchte durch Vorherrschen der Chöre gewaltige Finales, und indem ich den dritten Akt beinahe melodramatisch hielt, mich den Eigentümlichkeiten von Beethovens letzter Richtung möglichst anzupassen. Mit dem Compositeur früher über den Stoff zu konferieren, unterließ ich, weil ich mir die Freiheit meiner Ansicht erhalten wollte, auch später einzelnes geändert werden konnte und endlich ihm ja freistand, das Buch zu komponieren oder nicht. Ja, um ihm in letzterer Beziehung gar keine Gewalt anzutun, sandte ich ihm das Buch auf demselben Wege zu, auf dem die Anforderung geschehen war. Er sollte durch keine persönliche Rücksicht irgendeiner Art bestimmt oder in Verlegenheit gesetzt werden.

Ein paar Tage darauf (im Mai 1823) kam Schindler, der damalige Geschäftsmann Beethovens, derselbe, der später seine Biographie geschrieben hat, zu mir und lud mich im Namen seines Herrn und Meisters, der unwohl sei, ein, ihn zu besuchen. Ich kleidete mich an, und wir gingen auf der Stelle zu Beethoven, der damals in der Vorstadt Landstraße wohnte. – Ich fand ihn, in schmutzigen Nachtkleidern auf einem zerstörten Bette liegend, ein Buch in der Hand. Zu Häupten des Bettes befand sich eine kleine Tür, die, wie ich später sah, zur Speisekammer führte und die Beethoven gewissermaßen bewachte. Denn als in der Folge eine Magd mit Butter und Eiern heraustrat, konnte er sich, mitten im eifrigen Gespräche, doch nicht enthalten, einen prüfenden Blick auf die herausgetragenen Quantitäten zu werfen, was ein trauriges Bild von den Störungen seines häuslichen Lebens gab.

Wie wir eintraten, stand Beethoven vom Lager auf, reichte mir die Hand, ergoß sich in Ausdrücken des Wohlwollens und der Achtung und kam sogleich auf die Oper zu sprechen. «Ihr Werk lebt hier», sagte er, indem er auf die Brust zeigte, «in ein paar Tagen ziehe ich aufs Land, und da will ich sogleich anfangen, es zu komponieren. Nur mit dem Jägerchor, der den Eingang macht, weiß ich nichts anzufangen. Weber hat (im «Freischütz») vier Hörner gebraucht; Sie sehen, daß ich da ihrer acht nehmen müßte, wo soll das hinführen?» – Obwohl ich die Notwendigkeit dieser Schlußfolge nichts weniger als einsah, erklärte ich ihm doch, der Jägerchor könne, unbeschadet des Ganzen, geradezu wegbleiben, mit welchem Zugeständnis er sehr zufrieden schien, und weder damals noch später hat er irgend sonst eine Einwendung gegen den Text gemacht noch eine Änderung verlangt...

Im Laufe des Sommers 1823 besuchte ich mit

Herrn Schindler Beethoven auf seine Einladung in Hetzendorf. Ich weiß nicht, sagte mir Schindler auf dem Wege oder hatte mir jemand schon früher gesagt, Beethoven sei durch dringend bestellte Arbeiten bisher verhindert worden, an die Komposition der Oper zu gehen. Ich vermied daher, das Gespräch darauf zu bringen. Wir gingen spazieren und unterhielten uns so gut, als es halb sprechend, halb schreibend, besonders im Gehen, möglich ist. – Noch erinnere ich mich mit Rührung, daß Beethoven, als wir uns zu Tische setzten, ins Nebenzimmer ging und selbst fünf Flaschen herausbrachte. Eine setzte er vor Schindlers Teller, eine vor den seinen und drei stellte er in Reihe vor mich hin, wahrscheinlich um mir in seiner wildnaiven Art auszudrücken, daß ich Herr sei, zu trinken, wieviel mir beliebte...

Später sah ich ihn, ich weiß nicht mehr wo, nur noch einmal wieder. Er sagte mir damals: «Ihre Oper ist fertig!» – Ob er damit meinte: fertig im Kopfe, oder ob die unzähligen Notenbücher, in die er einzelne Gedanken und Figuren zu künftiger Bearbeitung aufzuzeichnen pflegte, vielleicht auch die Elemente jener Oper bruchstückweise enthielten, kann ich nicht sagen.

Gewiß ist, daß nach seinem Tode sich nicht eine einzige Note vorfand, die man unzweifelhaft auf jenes gemeinschaftliche Werk hätte beziehen können. Ich blieb übrigens meinem Vorsatze getreu, ihn auch nicht aufs leiseste daran zu erinnern, und kam, da mir auch die Unterhaltung auf schriftlichem Wege lästig war, nicht mehr in seine Nähe, bis ich, im schwarzen Anzuge und eine brennende Fackel in der Hand, hinter seinem Sarge herging.

Franz Grillparzer

In seinen 1840 niedergeschriebenen «Erinnerungen an Beethoven».

DIE GROSSEN VORGÄNGER

Nun bedeutete ich ihm, die Gläser noch einmal zu füllen, und schrieb eiligst auf seine Blätter: «Nun gilt's aufs Wohl des größten lebenden Tondichters Beethoven!» – Ich erhob mich vom Sitz, er folgte meinem Exempel, leerte sein Glas und sagte, meine Hand ergreifend: «Und wie bin ich heute so ganz, was ich bin und sein sollte: ganz aufgeknöpft!» – Nun ergoß er sich über Musik und wie man solche gegenwärtig herabwürdige und sie zu einem Spiel niedriger und frecher Leidenschaften mache. Wahre Musik, sagte er, fände nur wenig Eingang in diesem Zeitalter von Rossini und Konsorten. – Alsdann ergriff ich die Bleifeder und schrieb mit sehr deutlichen Buchstaben:

«Wen halten Sie für den größten Komponisten, der je gelebt?»

«Händel!» war seine augenblickliche Antwort, «vor dem beuge ich meine Knie» – und berührte mit dem einen Knie den Boden.

«Mozart?» schrieb ich nun hin.

«Mozart», fuhr er fort, «ist gut und vortrefflich.»

«Ja», schrieb ich, «der selbst Händel durch eine neuere Begleitung im ‹Messias› verherrlichen konnte.»

«Der hätte sich auch ohne das erhalten!» war seine Antwort.

Nun schrieb ich: «Johann Sebastian Bach?»

«Warum ist er tot?»

Ich schrieb augenblicklich: «Er wird wieder aufleben!»

«Ja, wenn man ihn studieren wird, und dazu hat man nicht Zeit!»

Johann Andreas Stumpff

Der Londoner Harfenfabrikant Johann Andreas Stumpff (1769 bis 1846) besuchte Beethoven im Jahre 1824 in Wien und berichtete darüber in seinen zuerst 1908 von Hugo Riemann veröffentlichten «Erinnerungen». (Über Stumpff siehe auch Seite 254)

DIE LEIDIGEN WIENER

Nun ging's über die Wiener, über den Geschmack, der sich so sehr verändert, ja verschlimmert. – Für das Gute, das Kräftige, kurz für die wahre Musik hat man keinen Sinn mehr! – Ja, ja, so ist's, ihr

Wiener! – Rossini und Konsorten, die sind eure Helden. – Von mir wollen sie nichts mehr. Manchmal holt Schuppanzigh ein Quartett von mir hervor; zu den Symphonien haben sie nicht Zeit, und den ‹Fidelio› wollen sie nicht. Rossini, Rossini geht euch über alles! – Vielleicht euer seelenloses Geklimper und Singen, eure eigenen Machwerke, womit ihr euch für die wahre Kunst zugrunde richtet – das ist euer Geschmack, oh, ihr Wiener!» – Und so ging's in einem gutmütigen Tone fort, der nicht im geringsten weder Lieblosigkeit noch Eifersucht verriet, welche Jeremiaden wir gutmütig mit dem Kopf nickend oder schüttelnd und auflachend bejahten oder verneinten.

Johann Andreas Stumpff

DISTANZIERUNG VOM «FAMULUS»

Ich beschuldige Sie nichts Schlechten bei der Akademie, aber Unklugheit und eigenmächtiges Handeln hat manches verdorben. Überhaupt aber habe ich eine gewisse Furcht vor Ihnen, daß mir einmal ein großes Unglück durch Sie bevorsteht.

Verstopfte Schleusen öffnen sich öfter plötzlich, und den Tag im Prater glaubte ich mich in manchen Stücken sehr empfindlich angegriffen von

Ihnen. Überhaupt würde ich eher Ihre Dienste, die Sie mir erweisen, gern öfter mit einem kleinen Geschenke zu vergüten suchen, als mit dem Tische; denn ich gestehe es, es stört mich zu sehr in so vielem. Sehen Sie kein heiteres Gesicht, so heißt es: «Heut war wieder übles Wetter!» Denn bei Ihrer Gewöhnlichkeit, wie wäre es Ihnen möglich, das Ungewöhnliche nicht zu verkennen?!!! Kurzum, ich liebe meine Freiheit zu sehr. – Es wird nicht fehlen, Sie manchmal einzuladen; für beständig ist es aber unmöglich, da meine ganze Ordnung hierdurch gestört wird...

Umsonst hätte ich nimmermehr diese mir erwiesenen Gefälligkeiten angenommen, und werde es auch nicht. Was Freundschaft betrifft, so ist dies eine schwierige Aufgabe mit Ihnen. Mein Wohl möchte ich Ihnen auf keinen Fall anvertrauen, da es Ihnen an Überlegung fehlt und Sie eigenmächtig handeln und ich Sie selbst früher schon auf eine nachteilige Weise für Sie kennenlernte, sowie andere auch. – Ich gestehe es: die Reinigkeit meines Charakters läßt es nicht zu, bloß Ihre Gefälligkeiten für mich durch Freundschaft zu vergelten, ob ich schon bereit bin, Ihnen gern zu dienen, was Ihr Wohl betrifft.

Kurz nach dem 23. Mai 1824 an Anton Felix Schindler (1795 bis 1864). – Die aus dem Brief ersichtliche große Verstimmung gegen Schindler war nach der «Großen musikalischen Akademie» entstanden, die Beethoven am 7. Mai 1824 vormittags im Kärntnertor-Theater in Wien gegeben hatte und bei der die Neunte Symphonie und Teile der «Missa Solemnis» zur Uraufführung gelangten. Der künstlerische Erfolg war groß; aber Beethoven hatte für sich auch einen erheblichen materiellen Gewinn erwartet. Über die sich an die Abrechnung anschließenden Ereignisse berichtete Schindler im 2. Band seiner 1840 erschienenen Beethoven-Biographie:

Die Brutto-Einnahme betrug 2220 Gulden Wiener Währung. Davon kamen in Abzug: 1000 Gulden an die Administration und 800 Gulden für die Kopiatur. Verblieb für Beethoven die Summe von 420 Gulden, davon jedoch noch verschiedene kleine Posten zu bestreiten waren... Ich überreichte ihm den Kassenrapport. Bei dessen Anblick brach er in sich zusammen. Wir (Schindler und Joseph Hüttenbrenner) rafften ihn auf und legten ihn auf das Sofa. Bis spät in die Nacht hinein verweilten wir an seiner Seite; kein Verlangen nach Speise oder anderem, kein lautes Wort war mehr hörbar. Endlich, nachdem wir merkten, daß Morpheus ihm sanft die Augen zugedrückt, haben wir uns entfernt. Schlafend, noch in der Konzert-Toilette, fanden ihn am andern Morgen auf derselben Stelle seine Dienstboten auf...

Beethoven glaubte, Umlauf (Leiter des Konzerts), Schuppanzigh (Konzertmeister) und mir für die gehabten Mühen einigen Dank schuldig zu sein. Er bestellte daher wenige Tage nach der zweiten Akademie (23. Mai, im Redoutensaal) ein Mahl beim «Wilden Mann» im Prater. Mit einer

BEETHOVEN UM DAS JAHR 1823

Stich nach einer Tuschzeichnung von M. Tejcek

von düsteren Wolken umhangenen Stirne erschien er in Begleitung seines Neffen unter uns, benahm sich kalt, bissig und krittlig in allen seinen Worten. Eine Explosion war zu gewärtigen. Kaum hatten wir an der Tafel Platz genommen, als er auch schon das Gespräch auf den pekuniären Erfolg der ersten Aufführung im Theater lenkte, ohne Umschweife herausfahrend, daß er hierbei vom Administrator Duport in Gemeinschaft mit mir betrogen worden sei. – Umlauf und Schuppanzigh bemühten sich, ihm die Unmöglichkeit irgendeines Betruges damit zu beweisen, daß jedes Geldstück durch die Hände der beiden Theaterkassiere gegangen, die Rapporte genau übereinstimmten, überdies noch sein Neffe zufolge Auftrags des Bruder-Apothekers den Kassierern gegen alle Sitte als Kontrolleur zur Seite bleiben mußte. – Beethoven verblieb jedoch bei seiner Beschuldigung, mit dem Zusatze, er sei von dem stattgefundenen Betrug von zuverlässiger Seite benachrichtigt.

Nun war es Zeit, für diese Kränkung sich Genugtuung zu geben: Eiligst entfernte ich mich mit Umlauf; Schuppanzigh aber, nachdem er auch einige Salven auf seine umfangreiche Person ausgehalten, folgte bald nach. Im Gasthaus «Zum goldenen Lamm» in der Leopoldstadt fanden wir uns zu ungestörter Fortsetzung des unterbrochenen Mahles zusammen. – Der furiose Meister aber konnte seinen Zorn an den Kellnern und

Bäumen austoben und mußte zur Strafe noch das opulente Mahl mit dem Neffen allein verzehren...

Immer waren es Ehrenkränkungen, die seine Freunde aus seiner Nähe entfernt haben. Leichtgläubig, unerfahren, mißtrauisch, wie er war, hatten elende Menschen immer leichtes Spiel, jeden aus seinem Kreise anzuschwärzen... Oft bewirkte aber auch die Art seiner Wiederannäherung, so herzlich und zuvorkommend den Fehler offen eingestehend, daß man die Kränkung sogleich vergessen hatte. In solcher Weise näherte er sich mir wieder nach seiner Zurückkunft aus Baden im November dieses Jahres, und alles Vorgefallene ward zur Stunde im Lethe versenkt.

AN EINEN «WEISEN DES APOLLO»

Baden bei Wien, 9. September 1824.

Mein sehr werter Freund!
Der Kardinal-Erzherzog ist in Wien, und ich meiner Gesundheit wegen hier. Erst gestern erhielt ich von ihm in einem Schreiben die Zusagung, daß er mit Vergnügen subskribiere auf Ihre Gedichte wegen Ihrer Verdienste, die Sie sich um das Emporkommen der Musik erworben haben, und sechs

Exemplare davon nehme. Titulation werde ich noch schicken. – Ein Unbekannter subskribiert ebenfalls darauf, und das bin ich; denn da Sie mir die Ehre erzeigen, mein Panegyriker zu sein, darf ich wohl keineswegs mit meinem Namen erscheinen...

Schicken Sie nur gerade Ihre gesammelten Vorlesungen auch an den Erzherzog Rudolf. Widmen Sie selbe ihm womöglich; ein Geschenk erhalten Sie immer; groß wird es freilich nicht sein, aber besser als nichts. Sagen Sie ihm einige schmeichelhafte Worte in der Vorrede, denn Musik versteht er, und er lebt und webt darin. Mir tut es wirklich um sein Talent leid, da ich nicht mehr soviel an ihm teilnehmen kann als früher...

Ich wünschte, daß Sie mir auch Ihre Vorlesungen hierher übermachten sowie die fünfstimmige Messe von Sebastian Bach (Messe in h-moll); was beides kostet, werde ich sogleich von hier aus übermachen.

Denken Sie übrigens ja kein Interesse von mir irgendwo, was ich suchte! Frei bin ich von aller kleinlichen Eitelkeit; nur die göttliche Kunst, nur in ihr sind die Hebel, die mir Kraft geben, den himmlischen Musen den besten Teil meines Lebens zu opfern.

Von Kindheit an war mein größtes Glück und Vergnügen, für andere wirken zu können. Sie können daher denken, wie groß mein Vergnügen ist, Ihnen in etwas behilflich zu sein und Ihnen anzuzeigen, wie ich Ihre Verdienste schätze.

Ich umarme Sie als einen Weisen in Apollo.

Von Herzen der Ihrige.

Beethoven

An Hans Georg Nägeli in Zürich. – Bei den «Vorlesungen» handelt es sich um Vorlesungen, die Nägeli zwischen Dezember 1823 und Juni 1824 in sechs süddeutschen Städten hielt und die er 1826 mit Widmung an Erzherzog Rudolf in erweiterter Form bei Cotta unter dem Titel «Vorlesungen über Musik mit Berücksichtigung der Dilettanten» erscheinen ließ. – Die Partitur von J. S. Bachs Messe in h-moll, die Nägeli schon 1818 angezeigt hatte, erschien erst im Jahre 1833.

BRIEFWECHSEL MIT EINEM KOPISTEN

Ferdinand Wolanek an Beethoven:

Da ich mit dem Einsetzen des Finales (der «Missa solemnis») in Partitur zu Ostern erst fertig werden kann, und Sie selbes um diese Zeit nicht mehr benötigen können, so übersende ich nebst dem bereits Angefangenen die sämtlichen Stimmen zu Ihrer gefälligen Disposition. Dankbar bleibe ich für die erwiesene Ehre Ihrer mir zugekommenen Beschäftigung verpflichtet; was ferneres das sonstige mißhelle Betragen gegen mich betrifft, so kann ich belächelnd selbes nur als eine angenommene Gemütsaufwallung ansehen. In der Töne

Ideenwelt herrschen so viele Dissonanzen; sollten sie es nicht auch in der wirklichen?

Tröstend ist mir nur die feste Überzeugung, daß dem Mozart und Haydn, jenen gefeierten Künstlern, bei Ihnen, in der Eigenschaft als Kopisten, ein mir gleiches Schicksal zugeteilt würde.

Ich ersuche nur, mich mit jenen gemeinen Kopiatur-Subjekten nicht zu vermengen, die selbst bei sklavischer Behandlung sich glücklich preisen, ihre Existenz behaupten zu können. Übrigens nehmen Sie die Versicherung, daß, auch nur um eines Körnleins Wert, ich nie Ursache habe, meines Betragens willen vor Ihnen erröten zu müssen.

Mit Hochachtung ergebener

Ferdinand Wolanek

Beethoven an Ferdinand Wolanek:
(querüber und unter dessen Brief geschrieben)

Dummer, eingebildeter, eselhafter Kerl! Mit einem solchen Lumpenkerl, der einem das Geld abstiehlt, wird man noch Komplimente machen. Statt dessen zieht man ihn bei seinen eselhaften Ohren.

Schreibsudler! Dummer Kerl! Korrigieren Sie Ihre durch Unwissenheit, Übermut, Eigendünkel und Dummheit gemachten Fehler! Dies schickt sich besser, als mich belehren zu wollen; denn das ist gerade, als wenn die Sau die Minerva belehren wollte.

Beethoven.

Mozart und Haydn erzeigen Sie die Ehre, ihrer nicht zu erwähnen. – Es war schon gestern und noch früher beschlossen, Sie nicht mehr für mich schreiben zu machen.

Wien, anfangs 1825.

BOTSCHAFT AN DEN ARZT

Baden bei Wien, am 13. Mai 1825.

Verehrter Freund!

Doktor: Wie geht's, Patient?

Patient: Wir stecken in keiner guten Haut. Noch immer sehr schwach, Aufstoßen usw. Ich glaube, daß endlich stärkere Medizin nötig ist, die jedoch nicht stopft. Weißen Wein mit Wasser sollte ich schon trinken dürfen; denn das mephitische Bier kann mir nur zuwider sein. – Mein katarrhalischer Zustand äußert sich hier folgendermaßen: nämlich ich speie ziemlich viel Blut aus, wahrscheinlich nur aus der Luftröhre; aus der Nase strömt es aber öfter, welches auch der Fall diesen Winter öfter war. Daß aber der Magen schrecklich geschwächt ist und überhaupt meine ganze Natur, dies leidet keinen Zweifel. Bloß durch sich selbst, soviel ich meine Natur kenne, dürften meine Kräfte schwerlich wieder ersetzt werden.

Doktor: Ich werde helfen, bald Brownianer, bald Stollianer sein.

Patient: Es würde mir lieb sein, wieder mit einigen Kräften an meinem Schreibtisch sitzen zu können. Erwägen Sie dieses!

Finis.

An Dr. med. Anton Braunhofer in Wien.

ERMAHNUNGEN AN DEN NEFFEN

Baden bei Wien, 31. Mai 1825.

Nüchternheit ist für die Jugend nötig, und Du scheinst sie nicht genug beachtet zu haben, da Du Geld hattest, ohne daß ich es wußte und noch nicht weiß, woher? – Schöne Handlungen! – Ins Theater zu gehen, ist nicht ratsam jetzt, der zu großen Zerstreuung wegen, so glaube ich. – Die angeschafften fünf Gulden des Herrn Dr. Reißig werde ich unterdessen pünktlich monatlich abzahlen – und hiermit basta!

Verwöhnt, wie Du bist, würde es nicht schaden, der Einfachheit und Wahrheit Dich endlich zu befleißigen, denn mein Herz hat zuviel bei Deinem listigen Betragen gegen mich gelitten, und schwer ist es, zu vergessen. – Und wollte ich an allem dem wie ein Jochochse, ohne zu murren, ziehen, so kann Dein Betragen, wenn es so gegen andere gerichtet ist, Dir niemals Menschen zubringen, die Dich lieben werden.

Gott ist mein Zeuge, ich träume nur, von Dir und von diesem elenden Bruder und dieser mir zugeschusterten abscheulichen Familie gänzlich entfernt zu sein. Gott erhöre meine Wünsche, denn trauen kann ich Dir nicht mehr!

Leider Dein Vater oder besser nicht Dein Vater.

*

Baden bei Wien,
kurz vor dem 14. September 1825.

Gott hat mich nie verlassen, es wird sich schon noch jemand finden, der mir die Augen zudrückt!

Es scheint mir überhaupt ein abgekartetes Wesen in dem allen, was vorgegangen ist, wo der Herr Bruder (Pseudo) eine Rolle mitspielt. – Ich weiß, daß später Du auch nicht Lust hast, bei mir zu sein. Natürlich, es geht etwas zu rein zu bei mir. – Du hast auch verflossenen Sonntag wieder einen Gulden und fünfzehn Kreuzer von der Haushälterin, diesem alten gemeinen Kuchelmensch, geborgt. – Es war schon verboten.

Ebenso geht es überall! Mit dem Ausgehrock wär' ich zwei Jahre ausgekommen. Freilich habe ich die üble Gewohnheit, im Hause einen abgetragenen Rock anzuziehen, aber Herr Karl, o pfui der Schande, und weswegen? – Der Geldsack des Herrn L. v. B. ist ja bloß dafür da.

Du brauchst auch diesen Sonntag nicht zu kommen, denn wahre Harmonie und Einklang wird bei Deinem Benehmen nie entstehen können. – Wozu die Heuchelei? – Du wirst dann erst ein besserer Mensch, Du brauchst Dich nicht zu verstellen, nicht zu lügen, welches für Deinen moralischen Charakter endlich besser ist.

Siehst Du, so spiegelst Du Dich in mir ab, denn was hilft das liebevollste Zurechtweisen!! – Erbost wirst Du noch obendrein.

Übrigens, sei nicht bange! Für Dich werde ich immer, wie jetzt, unausgesetzt sorgen...

Leb wohl! Derjenige, der Dir zwar nicht das Leben gegeben, aber gewiß doch erhalten hat, und was mehr als alles andere: für die Bildung Deines Geistes gesorgt hat, väterlich, ja mehr als das, bittet Dich innigst, ja auf dem einzigen wahren Weg alles Guten und Rechten zu wandeln.

Leb wohl!

Dein treuer guter Vater.

Karl van Beethoven war damals neunzehn Jahre alt.

Glauben Sie mir, daß mir das Höchste ist, daß meine Kunst bei den edelsten und gebildetsten Menschen Eingang findet. Leider wird man von dem Überirdischen der Kunst nur allzu unsanft in das irdische Menschliche hinabgezogen, allein sind es nicht gerade diejenigen, welche uns angehören? – Und ohne eigentlich Schätze anhäufen zu wollen oder zu können, müssen wir doch Sorge tragen, daß sie unser Andenken segnen, da wir nun einmal keine Großtürken sind, die bekanntlich das Wohl der Ihrigen der bloßen Zukunft und Gott anheimstellen.

Ende Juli 1825 aus Baden bei Wien an den Fürsten Nikolaus Galitzin in St. Petersburg, dem Beethoven die Ouvertüre «Die Weihe des Hauses» (op. 124) und die Quartette op. 127, op. 130 und op. 132 widmete.

Sebastian Bach hielt Beethoven sehr in Ehren. «Nicht Bach, sondern Meer sollte er heißen wegen seines unendlichen, unausschöpfbaren Reichtums von Tonkombinationen und Harmonien!» – Bach sei das Ideal der Organisten. – «Auch ich», erzählte Beethoven, «spielte in meiner Jugend viel die Orgel, aber meine Nerven vertrugen die Gewalt dieses Rieseninstruments nicht. Einen Organisten stelle ich, wenn er Meister seines Instruments ist, unter den Virtuosen obenan.»

Beethoven schimpfte sehr auf die Wiener Organisten. Die Besetzung der Stellen ginge nach Gunst oder nach alten observanzmäßigen Gebräuchen. Wer am längsten dient, erhält solch ein Amt, und so kämen die Leiermänner obenan. – Er tadelte die Orgeln mit mangelhaften Pedalen und zuletzt auch die Großen und Reichen der Erde, die für die Kunst und das Gute nichts tun wollen, weil sie nichts davon verstehen...

Über Kirchenmusik äußerte Beethoven viel Wahres. Reine Kirchenmusik müßte nur von Singstimmen vorgetragen werden, ausgenommen ein Gloria oder ein anderer ähnlicher Text. Deswegen bevorzugte er Palestrina, doch sei es Unsinn, ihn nachzuahmen, ohne seinen Geist und religiöse Anschauung zu besitzen; auch dürfte es den jetzigen Sängern unmöglich sein, die langgehaltenen Noten tragend und rein zu singen. – Über das berühmte «Miserere» des Allgri sprach er kein Urteil, weil er es nicht gehört habe: «Viele Hörer sind entzückt davon, manche auch kalt geblieben.» – Die Komponisten, die in ihren Werken Natur und Kunst vereinigen, stellte er als Muster hin.

Karl Gottlieb Freudenberg

Der schlesische Organist Karl Gottlieb Freudenberg (1797–1869) war im Sommer 1825 in Wien. Seine Erinnerungen an Beethoven sind in dem nach seinem Tod 1870 erschienenen Buche «Aus dem Leben eines alten Organisten» enthalten.

EINE BERICHTIGUNG

Wien, 13. August 1825.

Euer Wohlgeboren!

Mit Erstaunen nehme ich im 7. Hefte der «Cäcilia», Seite 205, wahr, daß Sie mit den eingerückten Kanons auch einen freundschaftlich mitgeteilten Scherz, der leicht für beißende Beleidigung genommen werden kann, zur Publizität brachten, da es doch gar nicht meine Absicht war und mit meinem Charakter von jeher im Widerspruche stand, jemandem zu nahe zu treten. – Was mich als Künstler betrifft, so hat man nie erfahren, daß ich, man habe auch in diesem Punkte was immer über mich geschrieben, mich je geregt habe; was mich aber als Mensch betrifft, muß ich von einer ganz andern Seite empfinden.

Obschon es Ihnen gleich auf den ersten Anblick hätte in die Augen springen sollen, daß der ganze Entwurf einer Lebensbeschreibung meines geachteten Freundes Herrn Tobias Haslinger nur ein Scherz war und auch nicht anders gemeint sein konnte, da ich, wie mein Brief besagt, zur Steigerung dieses Scherzes noch obendrein durch eine Aufforderung von Ihrer Seite ihn um die Einwilligung zur Herausgabe seiner Biographie anzugehen wünschte, so scheint es doch, daß es meine flüchtige und oft unleserliche Handschrift war, welche zu einem Mißverständnisse Veranlassung gab.

Meinem Zwecke, Ihnen Beiträge, welche Sie selbst verlangten, zu übersenden, wäre vollkommen entsprochen worden, wenn Sie nur die beiden Kanons eingerückt hätten, deren Überschriften schon hinlänglich beweisen, daß sie mit einer Biographie Haslingers nicht leicht in Berührung kommen können. Ich konnte es mir aber kaum träumen lassen, daß Sie eine Privatkorrespondenz mißbrauchen und einen solchen Scherz dem Publikum vorlegen würden, welches sich Ungereimtheiten, die Sie erst noch einzuschalten beliebten, gar nicht erklären kann. – Das Wort «geleert», welches mit zum Ganzen des humoristischen Umrisses gehört, könnte in einem Kreise, wo man sich scherzend unterhält, wohl gelten, nie aber fiele es mir ein, es öffentlich statt «gelehrt» hinzusetzen. Das hieße den Spaß zu weit treiben!

In Zukunft werde ich mich wohl zu hüten wissen, daß meine Schrift nicht zu neuen Mißverständnissen Anlaß gebe. Ich erwarte daher, daß Sie dieses ohne Verzug und ohne Klausel oder Hinweglassung in die «Cäcilia» aufnehmen werden, da die Sache einmal so ist, wie ich sie hier erklärt habe und keineswegs anders gedeutet werden darf.

An den Musikverlag B. Schott's Söhne in Mainz, der auch die Musikzeitschrift «Cäcilia» herausgab. – Beethoven bezieht sich hier auf einen Brief, den er am 22. Januar 1825 an den Verlag sandte, dem auch zwei Scherzkanons beilagen, von denen der eine, mit dem Text «Hoffmann, sei ja kein Hofmann!», dem Dichter E. Th. A. Hoffmann, und der andere, mit dem Text «Schwenke dich!», dem Hamburger Musiker Carl Schwencke (1797 bis nach 1870) zugedacht war. Der Hinweis auf die beiden Kanons leitete den folgenden Passus ein, der dann zum Anlaß der oben wiedergegebenen «Berichtigung» wurde:

Hier folgen ein paar Kanons für Ihr Journal als Beilage einer romantischen Lebensbeschreibung des Tobias Haslinger allhier, in drei Teilen. – Erster Teil: Tobias findet sich als Gehilfe des berühmten sattelfesten Kapellmeisters Fux und hält die Leiter zu dessen «Gradus ad Parnassum». Da er nun zu Schwänken aufgelegt, so bewirkt er durch Rütteln und Schütteln der Leiter, daß mancher, der schon ziemlich hoch gestiegen, jählings den Hals bricht und dergleichen. – Nun empfiehlt er sich unserem Erdenklumpen und kommt im zweiten Teil zu den Zeiten Albrechtsbergers wieder ans Tageslicht. Die schon vorhandene Fuxische «Nota cambiata» wird nun gemeinschaftlich mit Albrechtsberger behandelt, die Wechselnoten aufs äußerste auseinandergesetzt, die Kunst, musikalische Gerippe zu schaffen, wird aufs höchste betrieben usw. – Tobias spinnt sich dann neuerdings als Raupe ein und entwickelt sich im dritten Teil, um zum drittenmal auf dieser Welt zu erscheinen. Die kaum erwachsenen Flügel eilen dem Paternostergäßchen zu, er wird paternostergäßlerischer Kapellmeister; die Schule der Wechselnoten durchgegangen, behält er nichts davon als die Wechsel, und so schafft er seinen Jugendfreund und wird endlich Mitglied mehrerer inländischer gelehrter Vereine usw. – Wenn Sie ihn darum bitten, wird er schon erlauben, daß diese Lebensbeschreibung herauskommt.

Johann Joseph Fux (1660–1741) und Johann Georg Albrechtsberger (1736–1809) waren berühmte österreichische Komponisten und Musiktheoretiker; letzterer unterrichtete Beethoven im Jahre 1794. – Im Paternostergässel in Wien befand sich die Musikalienhandlung Steiner, deren Teilhaber Tobias Haslinger war. – In der «Cäcilia» ist keine Berichtigung erschienen: weder die von Beethoven gewünschte noch eine andersgeartete.

Sie haben gestern etwas hören lassen wegen des Konterfei von mir... Suchen Sie das Ding zu erwischen, so gut als sich's tun läßt! Ich versichere Sie, daß ich hernach alle Maler in der Zeitung bitten werde, mich nicht mehr ohne mein Bewußtsein zu malen. Dachte ich doch nicht, daß ich durch mein eigenes Gesicht noch in Verlegenheit kommen könnte. (1797)

An Christine Gerardi.

*

Hol Sie der Teufel, ich mag nichts von Ihrer ganzen Moral wissen! *Kraft* ist die Moral der Menschen, die sich vor anderen auszeichnen, und sie ist auch die meinige. – Und wenn Sie mir heute wieder anfangen, so plage ich Sie so sehr, bis Sie alles gut und löblich finden, was ich tue! (1798)

An Nikolaus Zmeskall.

*

Dabei ist es vielleicht das einzige Geniemäßige, was an mir ist, daß meine Sachen sich nicht immer in der besten Ordnung befinden und doch niemand imstande ist als ich selbst, da zu helfen. (22. April 1801)

An Franz Anton Hoffmeister.

*

Vorwürfe muß ich Ihnen denn doch machen, daß Sie sich nicht schon lange an mich gewendet. Bin ich nicht Ihr wahrer Freund, warum verbargen Sie mir Ihre Not? Keiner meiner Freunde darf darben, solange ich etwas hab'! (März 1803)

An Ferdinand Ries.

*

Dem Herrn Redakteur der Musikzeitung danken Sie ergebenst für die Güte, die er gehabt hat, eine so schmeichelhafte Nachricht von meinem Oratorio («Christus am Ölberge») einrücken zu lassen, wo so derb über die Preise, die ich gemacht, gelogen wird, und ich so infamiter behandelt bin. Das zeigt vermutlich die Unparteilichkeit. – Meinetwegen – wenn das das Glück der Musikzeitung macht!

Was fordert man nicht für Edelmut von einem wahren Künstler, und gewiß nicht ganz ohne sich zu irren; aber hingegen wie abscheulich, wie niedrig erlaubt man sich so leicht über uns herzufallen! (September 1803)

An Breitkopf & Härtel.

*

Wenn ich Ihnen sage, daß mir Ihr Schreiben lieber ist als das eines Königs oder Ministers, so ist's Wahrheit, und dabei muß ich Ihnen noch hintendrein gestehn, daß Sie mich durch Ihre Großmut wirklich etwas demütigen, indem ich Ihr Zuvorkommen bei meiner Zurückhaltung gegen Sie gar nicht verdiene. Überhaupt hat mir's wehe getan, daß ich in Wien nicht mehr mit Ihnen sein konnte; allein es gibt Perioden im menschlichen Leben, die wollen überstanden sein und oft von der unrechten Seite betrachtet werden. Es scheint, daß Sie selbst als großer Künstler nicht ganz unbekannt mit dergleichen sind – und so habe ich, wie ich sehe, Ihre Zuneigung nicht verloren, und das ist mir sehr lieb, weil ich Sie sehr schätze, und wünschte nur, einen solchen Künstler in meinem Fach um mich haben zu können... Noch einmal herzlichen Dank, lieber Macco, für Ihr Andenken an mich. Malen Sie, und ich mache Noten, und so werden wir – – ewig? – ja, vielleicht ewig fortleben! (2. November 1803)

An Alexander Macco.

*

Ohne mich im mindesten Ihnen als ein Muster vorstellen zu wollen, kann ich Ihnen versichern, daß ich in einem kleinen unbedeutenden Ort gelebt und – fast alles, was ich sowohl dort wie hier geworden bin, nur durch mich selbst geworden bin. Dieses Ihnen nur zum Troste, falls Sie das Bedürfnis fühlen, in der Kunst weiterzukommen. (6. Juli 1804)

An Gottlob Wiedebein.

*

Ich bitte Dich, Herrn von Seyfried zu ersuchen, daß er heute meine Oper dirigiert. Ich will sie heute selbst in der Ferne ansehen und anhören; wenigstens wird dadurch meine Geduld nicht so auf die Probe gesetzt, als so nahebei meine Musik verhunzen zu hören. – Ich kann nicht anders glauben, als daß es mir zu Fleiß geschieht. – Von den blasenden Instrumenten will ich nichts sagen, aber daß alle pp, cresc., alle decresc. und alle f, ff aus meiner Oper ausgestrichen! – Sie werden doch alle nicht gemacht! – Mir vergeht alle Lust, weiter etwas zu schreiben, wenn ich's *so* hören soll.

(Anfang April 1806)

An Friedrich Sebastian Mayer.

*

Wir sind hier in Geldesnot, denn wir brauchen zweimal soviel als sonst. Verfluchter Krieg!... Schreiben Sie mir gefälligst, was die Ausgaben vom Schiller, Goethe in Konventionsgeld kosten, auch die ganz in kleinerem Format von Wieland. Soll ich sie schon kaufen, so mag ich sie doch lieber von daher, indem hier alle Ausgaben verhunzt und teuer sind. – Nächstens über Quartette, die ich schreibe. Ich gebe mich nicht gern mit Klavier-Solosonaten ab, doch verspreche ich Ihnen einige. – Wissen Sie denn schon, daß ich Mitglied der Gesellschaft schöner Künste und Wissenschaften geworden bin? Also doch einen Titel, haha, das macht mich lachen! (19. September 1809)

An Breitkopf & Härtel.

*

Seien Sie versichert, mein Herr, daß Sie es mit einem echten Künstler zu tun haben, der es zwar liebt, anständig bezahlt zu werden, der aber noch mehr seinen Ruhm und auch den Ruhm der Kunst liebt – und der nie mit sich selbst zufrieden ist und stets trachtet, weiterzukommen und in seiner Kunst noch größere Fortschritte zu machen.

An George Thomson. (23. November 1809)

*

Ich selbst kündigte Dich vor dem Anfang der Probe beim Erzherzog an, und er nahm es sehr gütig auf. – Du hast viel verloren: nicht wegen Nichtanhörens meiner Musik, aber Du hättest einen liebenswürdigen, talentvollen Prinzen gesehen, und Du würdest als der Freund Deines Freundes gewiß nicht die Höhe des Rangs gefühlt haben. – Verzeih mir diese kleine stolze Äußerung! Sie gründet sich mehr auf das Vergnügen, auch diejenigen, die ich liebe, gleich hervorgezogen zu wissen, als auf eine kleinliche Eitelkeit.

An Ignaz von Gleichenstein. (Februar 1810)

*

Unterdessen geht noch sonst alles bei mir drunter und drüber: Der Herr (Erzherzog Rudolph) will mich bei sich haben, die Kunst nicht weniger; ich bin halb in Schönbrunn, halb hier; jeden Tag kommen neue Anfragen von Fremden, neue Bekanntschaften, neue Verhältnisse, selbst auch in Rücksicht der Kunst. Manchmal möchte ich bald toll werden über meinen unverdienten Ruhm: das Glück sucht mich, und ich fürchte mich fast deswegen vor einem neuen Unglück. (9. Juli 1810)

An Nikolaus Zmeskall.

*

Ich habe sie (die Musik zu «Egmont») bloß aus Liebe zum Dichter geschrieben und habe auch, um dieses zu zeigen, nichts dafür von der Theaterdirektion dafür genommen; welches sie auch angenommen und zur Belohnung wie immer und von jeher sehr nachlässig meine Musik behandelt hat. Etwas Kleineres als unsere Großen gibt's nicht, doch nehme ich die Erzherzoge davon aus. (Um den 20. August 1810)

An Breitkopf & Härtel.

*

Wie soll ich Dir genug dafür danken, daß Du mit mir die Reise (nach Teplitz) machen willst? Es wird sich schon in meinem tönenden Herzen für Dich finden... Ich muß jemand Vertrauten an meiner Seite haben, soll mir das gemeine Leben nicht zur Last werden. (16. Juni und 4. Juli 1811)

An Graf Franz Brunswick.

*

Täglich putze ich mich selbst aus, daß ich Sie nicht früher in Teplitz kennengelernt. Es ist abscheulich, so kurz das Gute zu erkennen und sogleich wieder zu verlieren. Nichts ist unleidlicher, als sich selbst seine eigenen Fehler vorwerfen zu müssen…

Den nämlichen Tag, an dem Sie von hier (Teplitz) reisten, erhielt ich einen Brief von meinem gnädigen musikalischen Erzherzoge, daß er nicht lange in Mähren verweile und es mir überlassen sei, ob ich kommen wolle oder nicht. So was habe ich so ganz nach dem Besten meines Willens und Wollens ausgelegt, und so sehen Sie mich noch hier in den Mauern, wo ich so schwer gegen Sie und mich gesündigt. Ich tröste mich noch, wenn Sie es auch Sünde nennen, so bin ich doch ein richtiger Sünder und nicht ganz ein armer.

Heute hat sich mein Zimmergesellschafter verloren. Ich konnte eben nicht auf ihn pochen; doch vermisse ich ihn in der Einsamkeit hier wenigstens abends und zu Mittag, wo ich das, was nun einmal das menschliche Tier zu sich nehmen muß, um das Geistige hervorzubringen, gerne in einiger Gesellschaft zu mir nehme. (6. September 1811)

An Christoph August Tiedge.

*

Der Himmel waltet über das Geschick des Menschen und Unmenschen, und so wird er auch mich dem Besseren entgegenführen, wenn auch jetzt nicht, doch einmal wieder, wozu ich Sie, geehrte edle Freundin, zähle. – Ihre Gedichte las ich und fand darin den Abdruck Ihres Gefühles und Ihres geistigen Wesens; nächstens erhalten Sie eines davon mit meinen ohnmächtigen Tönen.

An Elise von der Recke. (11. Oktober 1811)

*

O Himmel, hilf mir tragen! Ich bin kein Herkules, der dem Atlas die Welt helfen tragen kann oder gar statt seiner... Lange wird's nicht mehr währen, daß ich die schimpfliche Art, hier zu leben, weiter fortsetze: die Kunst, die verfolgte, findet überall eine Freistatt. Erfand doch Dädalus, eingeschlossen im Labyrinthe, die Flügel, die ihn oben hinaus in die Luft emporgehoben. Oh, auch ich werde sie finden, diese Flügel! (19. Februar 1812)

An Nikolaus Zmeskall.

*

Mir ist manches zuviel, des Badens, Nichtstuns usw., aller übrigen unvermeidlichen Zu- und Auffälligkeiten bin ich müde... Mein Arzt treibt mich von einem Ort zum anderen, um endlich die Gesundheit zu erhaschen: von Teplitz nach Karlsbad, von da hierher (Franzensbrunn bei Eger). In Karlsbad spielte ich den Sachsen und Preußen etwas vor zum Besten der abgebrannten Stadt Baden; es war sozusagen ein armes Konzert für die Armen...

Goethe behagt die Hofluft zu sehr, mehr als es einem Dichter ziemt. Es ist nicht viel mehr über die Lächerlichkeiten der Virtuosen hier zu reden, wenn Dichter, die als die ersten Lehrer der Nation angesehen sein sollten, über diesem Schimmer alles andere vergessen können. (9. August 1812)

An Breitkopf & Härtel.

*

Die Krankheit scheint nicht weiter voranzugehen, wohl aber noch zu kriechen, also noch kein Stillstand!... Könnte ich meine Gedanken über meine Krankheit durch ebenso bestimmte Zeichen als meine Gedanken in der Musik ausdrücken, so wollte ich mir bald selbst helfen.

(Mitte September 1812)

An Amalie Sebald.

*

Mein Äskulap hat mich recht im Zirkel herumgeführt; indem denn doch das Beste hier (in Teplitz). Die Kerls verstehen sich schlecht auf Effekt; ich meine, darin sind wir denn doch in unserer Kunst weiter. (17. September 1812)

An Breitkopf & Härtel.

*

Noch nichts Entschiedenes in meinen Sachen (Vertrag mit den drei Mäzenen). Der unglückliche Krieg dürfte das endliche Ende noch verzögern oder meine Sache noch verschlimmern. – Bald fasse ich diesen, bald jenen Entschluß. Leider muß ich doch nahe (Wien) herum bleiben, bis diese Sache entschieden ist. – O unseliges Dekret, verführerisch wie eine Sirene, wofür ich mir hätte die Ohren mit Wachs verstopfen sollen lassen und mich festbinden, um nicht zu unterschreiben, wie Ulysses?

Wälzen sich die Wogen des Krieges näher hierher, so komme ich nach Ungarn, vielleicht auch so. Habe ich doch für nichts als mein elendes Individuum zu sorgen, so werde ich mich wohl durchschlagen. – Fort, edlere höhere Pläne! – – Unendlich unser Streben, endlich macht die Gemeinheit alles! (Sommer 1813)

An Graf Franz Brunswick.

*

Alles wäre gut, wäre der Vorhang da. Ohne dieses fällt die Arie durch... sei's nur ein Vorhang, wenn auch ein Bettvorhang oder nur eine Art Schirm, den man im Augenblick wegnimmt, ein Flor usw. Es muß was sein: die Arie (Baß-Arie Nr. 7 aus «Die Ruinen von Athen») ist ohnedem mehr dramatisch fürs Theater geschrieben, als daß sie im Konzert wirken könnte, alle Deutlichkeit geht ohne Vorhang oder etwas Ähnliches verloren! – verloren! – verloren! – zum Teufel alles!... Vorhang!!! oder die Arie und ich werden morgen gehangen. (1. Januar 1814)

An Nikolaus Zmeskall.

*

Was mich angeht, ja du lieber Himmel! Mein Reich ist in der Luft, wie der Wind oft, so wirbeln die Töne, so oft wirbelt's auch in meiner Seele. (13. Februar 1814)

An Graf Franz Brunswick.

*

Ich machte gestern mit einem Freunde einen schönen Spaziergang in die Brühl, und unter freundschaftlichen Gesprächen kamen Sie auch besonders vor, und siehe da, gestern bei meiner Ankunft finde ich Ihren lieben Brief. – Ich sehe, daß Sie mich immer mit Gefälligkeiten überhäufen. Da ich nicht möchte, daß Sie glauben sollten, daß ein Schritt, den ich gemacht, durch ein neues Interesse oder überhaupt etwas dergleichen hervorgebracht worden sei, sage ich Ihnen, daß bald eine Sonate (e-moll, op. 90) von mir erscheinen wird, die ich Ihnen gewidmet. Ich wollte Sie überraschen, denn längst war diese Dedikation Ihnen bestimmt, aber Ihr gestriger Brief macht mich es Ihnen jetzt entdecken.

Keines neuen Anlasses brauchte es, um Ihnen meine Gefühle für Ihre Freundschaft und Wohlwollen öffentlich darzulegen – aber mit irgend nur etwas, was einem Geschenke ähnlich sieht, würden Sie mir Weh verursachen, da Sie alsdann meine Absicht gänzlich mißkennen würden, und alles dergleichen kann ich nicht anders als ausschlagen.

(21. September 1814)

An Graf Moritz Lichnowsky.

*

Dein Freund besuchte mich und erweckte das Andenken von Dir in mir, Du lebtest glücklich, Du habest Kinder. Beides trifft wohl bei mir nicht ein, zu weitläufig wäre es, darüber zu reden; ein andermal, wenn Du mir wieder schreibst, hierüber mehr.

Mit Deiner patriarchalischen Einfalt fällst Du mir tausendmal ein, und wie habe ich dergleichen Menschen, wie Du, um mich gewünscht. – Allein zu meinem Besten oder zu anderer, will mir das Schicksal hierin meine Wünsche versagen: ich kann sagen, ich lebe beinahe allein in dieser größten Stadt Deutschlands, da ich von allen Menschen, welche ich liebe, lieben könnte, beinahe entfernt leben muß.

Auf was für einem Fuß ist die Tonkunst bei Euch (in Kurland)? – Hast Du schon von meinen großen Werken dort gehört? – Groß sage ich – gegen die Werke des Allerhöchsten ist alles klein.

(12. April 1815)

An Karl Amenda.

*

Sobald ich mich besser befinde, besuche ich Sie. Verdrießlich über vieles, empfindlicher als alle anderen Menschen und mit der Plage meines Gehörs finde ich oft im Umgange anderer Menschen nur Schmerz. (August 1815)

An Johann Xaver Brauchle.

*

Mein armer unglücklicher Bruder ist eben gestorben. Er hatte ein schlechtes Weib. Ich kann sagen, er hatte einige Jahre die Lungensucht, und um ihm das Leben leichter zu machen, kann ich wohl das, was ich gegeben, auf 10000 Gulden Wiener Währung anschlagen. Das ist nun freilich für einen Engländer nichts, aber für einen armen Deutschen oder vielmehr Österreicher sehr viel. – Der Arme hatte sich in seinen letzten Jahren sehr geändert, und ich kann sagen, ich bedauere ihn von Herzen, und mich freut es nunmehr, mir selbst sagen zu können, daß ich mir in Rücksicht seiner Erhaltung nichts zuschulden kommen ließ.

(22. November 1815)

An Ferdinand Ries.

*

Zugleich sende ich einen Kupferstich (wahrscheinlich den Stich von Blasius Höfel nach einer Zeichnung von Louis Letronne), auf dem mein Gesicht abgedruckt ist. Manche wollen auch die Seele darauf deutlich wahrnehmen: ich lasse es dahingestellt sein. – Derweil habe ich gefochten, um ein armes, unglückseliges Kind einer unwürdigen Mutter zu entreißen, und es ist gelungen. – Te Deum laudamus! – Macht mir viele, jedoch süße Sorgen.

An Antonia Brentano. (6. Februar 1816)

*

Es ist kein Trost für bessere Menschen, ihnen zu sagen, daß andere auch leiden. Allein, Vergleiche muß man wohl immer anstellen, und da findet sich wohl, daß wir alle, nur auf eine andere Art, leiden, irren. (1816)

An Gräfin Anna Marie Erdödy.

*

Sie sind nicht mein Schuldner, sondern ich der Ihrige, und jetzt haben Sie mich nur noch mehr dazu gemacht. Ich kann nicht schreiben, wie weh mir dieses Geschenk tut, und so aufrichtig als ich bin, muß ich noch dazusetzen, daß ich Ihnen keinen freundlichen Blick dafür gönnen kann. – Obschon Sie nur ausübender Künstler (Violoncellist), so bedienten Sie sich doch mehrmals der Einbildungskraft, und mir scheint, daß Ihnen diese doch zuweilen unnötige Grillen eingibt; wenigstens hat mir dieses aus Ihrem Briefe nach meiner Dedikation (Streichquartett in f-moll, op. 95) geschienen. – So gut ich bin und alles Gute an Ihnen schätze, so bin ich doch böse, böse, bös. – Ihr neuer Schuldner, der sich aber zu rächen wissen wird.

(30. Januar 1817)

An Nikolaus Zmeskall.

*

Was mich anbelangt, so ist geraume Zeit meine Gesundheit erschüttert, wozu auch unser Staatszustand nicht wenig beiträgt, wovon bis hierher noch keine Verbesserung zu erwarten, wohl aber sich täglich Verschlimmerung desselben ereignet... Ihren Umgang wie Ihrer Frau Gemahlin und lieben Kinder vermisse ich gar sehr; denn wo wäre etwas dergleichen hier in unserem Wien zu finden. – Ich gehe daher auch beinahe nirgends hin, da es mir von jeher nicht möglich war, mit Menschen umzugehen, wo nicht ein gewisser Umtausch von Ideen stattfindet. (15. Februar 1817)

An Franz Brentano.

*

Die Texte, die Sie mir zusendeten, eigneten sich wirklich am wenigsten zum Gesang. Die Beschreibung eines Bildes gehört zur Malerei; auch der Dichter kann sich hierin vor meiner Muse glücklich schätzen, dessen Gebiet hierin nicht so begrenzt ist als das meinige, sowie es sich wieder in andere Regionen weiter erstreckt und man unser Reich nicht so leicht erreichen kann. (15. Juli 1817)

An Wilhelm Gerhard.

*

Kommen Sie an die alten Ruinen (bei Baden bei Wien), so denken Sie, daß dort Beethoven oft verweilt! Durchirren Sie die heimlichen Tannenwälder, so denken Sie, daß da Beethoven oft gedichtet, oder, wie man sagt, komponiert!

(20. Juli 1817)

An Nanette Streicher.

*

Ich habe noch niemand gefunden, der meine Kompositionen so gut vorträgt als Sie, die großen Pianisten nicht ausgenommen; sie haben nur Mechanik oder Affektation, Sie sind die wahre Pflegerin meiner Geisteskinder. (Sommer 1817)

An Marie Pachler-Koschak.

*

Ich wünsche und hoffe für Sie, daß sich Ihre Glücksumstände täglich verbessern. Leider kann ich das nicht von mir sagen: durch meine unglückliche Verbindung mit diesem Erzherzog bin ich beinahe an den Bettelstab gebracht. Darben kann ich nicht sehen, geben muß ich. So können Sie auch denken, wie ich bei dieser Sache noch mehr leide...

Wenn es mir nur möglich, mache ich mich noch früher von hier weg, um meinem gänzlichen Ruin zu entgehen, und treffe alsdann im Winter spätestens in London ein. Ich weiß, daß Sie einem unglücklichen Freunde beistehen werden. Wäre es nur in meiner Macht gewesen und wäre ich nicht wie immer hier durch Umstände gebunden gewesen, gewiß, ich hätte weit mehr für Sie getan.

(5. März 1818)

An Ferdinand Ries.

*

Was mich angeht, so wandle ich hier (in Mödling bei Wien) in Bergen, Klüften und Tälern umher und schmiere manches um des Brotes und Geldes willen; denn auf diese Höhe habe ich's in diesem allgewaltigen ehemaligen Phäakenlande gebracht, daß, um einige Zeit für ein großes Werk zu gewinnen, ich immer vorher soviel schmieren um des Geldes willen muß, daß ich es aushalte bei einem großen Werk.

(Juni 1818)

An Vinzenz Hauschka.

*

Freiheit, Weitergehn ist in der Kunstwelt, wie in der ganzen großen Schöpfung, Zweck, und sind wir Neueren noch nicht ganz so weit, als unsere Altvordern in Festigkeit, so hat doch die Verfeinerung unserer Sitten auch manches erweitert.

(29. Juli 1819)

An Erzherzog Rudolph.

*

Vieles liegt in meiner traurigen Lage, was meine ökonomischen Umstände betrifft. Bisher hoffte ich durch alle möglichen Anstrengungen endlich darüber zu siegen.

BEETHOVEN IN SEINER SPÄTZEIT

Zeichnung von J. P. Lyser

Gott, der mein Inneres kennt und weiß, wie ich als Mensch überall meine Pflichten, die mir die Menschlichkeit, Gott und die Natur gebieten, auf das Heiligste erfülle, wird mich wohl endlich wieder diesen Trübsalen entreißen! (18. Juli 1821)

An Erzherzog Rudolph.

*

Eine Dedikation!!! (Klaviersonate in E-Dur, op. 109.) – Nun, es ist keine, wie dergleichen in Menge gemißbraucht werden. Es ist der Geist, der edle und bessere Menschen auf diesem Erdenrund zusammenhält und den keine Zeit zerstören kann. Dieser ist es, der jetzt zu Ihnen spricht und der Sie mir auch in Ihren Kinderjahren gegenwärtig zeigt, ebenso Ihre geliebten Eltern, Ihre so vortreffliche geistvolle Mutter, Ihren so von wahrhaft guten und edlen Eigenschaften beseelten Vater, stets dem Wohl seiner Kinder eingedenk. Und so bin ich in dem Augenblick auf der Landstraße (ein Bezirk Wiens) und sehe Sie vor mir, und indem ich an die vortrefflichen Eigenschaften Ihrer Eltern denke, läßt es mich gar nicht zweifeln, daß Sie nicht zu edler Nachahmung sollten begeistert worden sein und täglich werden. Nie kann das Andenken einer edlen Freundin in mir erlöschen. Mögen Sie meiner manchmal in Güte gedenken!

An Maximiliane Brentano. (6. Dezember 1821)

*

Ich war vorlaut, ohne anzufragen, indem ich Ihrer Tochter Maxe ein Werk von mir widmete. Möchten Sie dieses als ein Zeichen meiner immerwährenden Ergebenheit für Sie und Ihre ganze Familie aufnehmen! – Geben Sie aber dieser Dedikation keine üble Deutung auf irgendein Interesse oder gar auf eine Belohnung! Dies würde mich sehr kränken. Es gibt ja wohl noch edlere Beweggründe, denen man dergleichen zuschreiben kann, wenn man schon durchaus Ursachen finden wollte.

An Franz Brentano. (20. Dezember 1821)

*

Noch immer hege ich den Gedanken, doch noch nach London zu kommen, wenn es nur meine Gesundheit leidet, vielleicht kommendes Frühjahr?! – Sie würden an mir den gerechten Schätzer meines lieben Schülers, nunmehrigen großen Meisters, finden, und wer weiß, was noch anderes Gutes für die Kunst entstehen würde in Vereinigung mit Ihnen!

Ich bin wie allezeit ganz meinen Musen ergeben und finde nur darin das Glück meines Lebens und wirke und handle auch für andere, wie ich kann.

Sie haben zwei Kinder, ich eins (meines Bruders Sohn); allein Sie sind verheiratet, wo Sie die Ihrigen alle zwei nicht kosten, was mich eines kostet.

Nun leben Sie recht wohl! Küssen Sie mir Ihre schöne Frau, bis ich diese feierliche Handlung in Person selbst begehen kann. (6. April 1822)

An Ferdinand Ries.

*

Die Konkurrenz um meine Werke ist gegenwärtig sehr stark, wofür ich dem Allmächtigen danke, denn ich habe auch schon viel verloren.

Dabei bin ich der Pflegevater meines mittellosen, verstorbenen Bruders Kindes. Da dieser Knabe mit 15 Jahren so viel Anlage zu Wissenschaften bezeigt, so kostet nicht allein die Erlernung derselben und die Unterhaltung desselben jetzt viel Geld, sondern es muß auch für die Zukunft auf ihn gedacht werden, da wir weder Indianer noch Irokesen, welche bekanntlich dem lieben Gott alles überlassen, sind und es um einen pauper immer ein trauriges Dasein ist.

Ich verschweige alles unter uns, welches mir ohnehin das Liebste, und bitte selbst ganz Ihre jetzige Verbindung mit mir zu verschweigen; ich werde es Ihnen schon sagen, wenn es Zeit ist zum Reden, welches jetzt gar nicht nötig ist. – Um Ihnen wenigstens zum Teil meine Wahrhaftigkeit zu beweisen, lege ich dieses Formular von Steiner, dessen Hand Sie erkennen werden, bei. Es fällt etwas schwer zu enträtseln: Ich versichere Sie auf meine Ehre, welche mir nächst Gott das Höchste ist, daß ich nie Steiner aufgefordert, Bestellungen für mich anzunehmen.

Es ist mein Hauptgrundsatz von jeher gewesen, keinem Verleger mich anzutragen, nicht aus Stolz, sondern weil ich gerne wahrgenommen hätte, wie weit sich das Gebiet meines kleinen Talentes erstreckte. (26. Juni 1822)

An Carl Friedrich Peters.

*

Es ist unmöglich, allen diesen Anträgen sogleich Gehör zu geben; es sind ihrer gar zu viele, manches ist nicht zu versagen... Nicht immer ist das dem Wunsche des Autors gemäß, was man fordert. Wäre mein Gehalt nicht gänzlich ohne Gehalt, ich schrieb nichts als Opern, Symphonien, Kirchenmusik, höchstens noch Quartette.

An Carl Friedrich Peters. (20. Dezember 1822)

*

Wenn auch das Honorar von Engländern nicht in Verhältnis mit den übrigen Nationen kann gebracht werden, so würde ich selbst umsonst für die ersten Künstler Europas schreiben, wäre ich nicht noch immer der arme Beethoven. – Wäre ich nur in London, was wollte ich für die Philharmonische

Gesellschaft alles schreiben! Denn Beethoven kann schreiben – Gott sei Dank! –, sonst freilich nichts in der Welt. (20. Dezember 1822)

An Ferdinand Ries.

*

Die Dedikation an Ihre Frau konnte ich nicht selbst machen, da ich ihren Namen nicht weiß. Machen Sie also selbe im Namen Ihres und Ihrer Frau Freundes; überraschen Sie die Ihrige damit, das schöne Geschlecht liebt das. – Unter uns gesagt, ist auch das Überraschende mit dem Schönen das Beste!

Mit den Allegri di bravura muß ich die Ihrigen nachsehen. – Aufrichtig zu sagen: ich bin kein Freund von dergleichen, da sie den Mechanismus nur gar zu sehr befördern; wenigstens die, welche ich kenne. (16. Juli 1823)

An Ferdinand Ries. Die geplante Widmung der Diabelli-Variationen, op. 120, an Frau Ries kam nicht zustande.

*

Lassen wir den Wert dergleichen Dichtungen ununtersucht! Wir wissen alle, wie wir das hiermit nehmen können: das Gute liegt hier in der Mitte. – Was mich aber angeht, so will ich lieber selbst Homer, Klopstock, Schiller in Musik setzen; wenigstens, wenn man auch Schwierigkeiten zu besiegen hat, so verdienen dies diese unsterblichen Dichter. (23. Januar 1824)

An die Gesellschaft der Musikfreunde in Wien.

*

Ihrem Wunsche, mein werter Freund, die Singstimmen meiner letzten großen Messe mit einem Auszuge für die Orgel oder Piano an die verschiedenen Gesangvereine abzulassen, gebe ich hauptsächlich darum gerne nach, weil diese Vereine bei öffentlichen, besonders aber gottesdienstlichen Feierlichkeiten außerordentlich viel wirken können und es bei der Bearbeitung dieser großen Messe meine Hauptabsicht war, sowohl bei den Singenden als bei den Zuhörenden religiöse Gefühle zu erwecken und dauernd zu machen.

(16. September 1824)

An Andreas Streicher.

*

Gar zu sehr überhäuft und eine schwache Gesundheit, muß man schon etwas Geduld mit mir haben. Hier (in Baden bei Wien) bin ich meiner Gesundheit oder vielmehr meiner Kränklichkeit wegen, doch hat es sich schon gebessert.

Apollo und die Musen werden mich noch nicht dem Knochenmann überliefern lassen, denn noch so vieles bin ich ihnen schuldig und muß ich vor meinem Abgang in die Elysäischen Felder hinterlassen, was mir der Geist eingibt und heißt vollenden. Ist es mir doch, als hätte ich kaum einige Noten geschrieben. (17. September 1824)

An Bernhard Schott's Söhne.

*

Ich überlasse Ihnen die Sache (Aufführung der Neunten Symphonie bei einem Musikfest in Aachen); das Konzept hierzu kommt nicht von mir, sondern von denen, welche mich durch meine Noten aus meinen Nöten retten wollen.

Ich nehme den innigsten Anteil an Ihrem Besitztum in Godesberg. Kein Mensch kann eine neidischere Freude darüber haben, dessen höchste Wünsche ein solcher Besitz erfüllen würde. Es scheint aber, daß meine Bestimmung gerade nicht so sein soll, wie ich sie wünsche. (Februar 1825)

An Ferdinand Ries.

*

Die Ouvertüre («Die Weihe des Hauses», op. 124), welche Sie von meinem Bruder erhalten, ward hier diese Tage aufgeführt. Ich erhielt deswegen Lobeserhebungen usw. – Was ist das alles gegen den großen Tonmeister oben – oben – oben – und mit Recht allerhöchst, wo hier unten nur Spott damit getrieben wird, die Zwerglein allerhöchst!!!!!! (März 1825)

An Bernhard Schott's Söhne.

*

Sie haben wirklich sehr wohlgetan, dem Namen Mozarts Gerechtigkeit durch Ihre wahrhaft musterhafte und die Sache durchdringende Schrift (über die Echtheit von Mozarts «Requiem») zu verschaffen und sowohl Laien oder Profane wie alles, was nur musikalisch ist oder nur dazu gerechnet werden kann, muß Ihnen Dank dafür wissen...

Ich insbesondere danke Ihnen noch, mein verehrter Freund, für die Freude, die Sie mir durch Mitteilung Ihrer Schrift verursacht haben. Allzeit habe ich mich zu den größten Verehrern Mozarts gerechnet, und werde es bis zum letzten Lebenshauch bleiben. (6. Februar 1826)

An Maximilian Stadler.

URTEILE SCHUBERTS

In einem kleinen Wiener Gasthause sah ich Beethoven in den letzten Jahren seines Lebens manchen Winterabend. Er war damals des Gehörs ganz verlustig. – Alles war größter Ehrfurcht voll, da er eintrat. Ein Mann mittlerer Größe, sehr gedrungener Gestalt, dessen wahrhaften Löwenkopf mähnenartig graue Haare umstrotzten; die Blicke aus scharfen, geistreichen Augen unstät umhersehend, in seinen Bewegungen schwankend, gleich als wandle er im Traume.

So trat er ein, setzte sich zu seinem Glase Bier, rauchte aus einer langen Pfeife und schloß die Augen. – Angesprochen oder vielmehr angeschrien von einem Bekannten, schlug er die Lider auf wie ein aus dem Schlummer geschreckter Adler, lächelte wehmütig und reichte dem Sprechenden ein Heft Papier mit dem Stifte hin, den er aus seiner Brusttasche zog, und ermahnte ihn mit jener den Tauben eigenen kreischenden Stimme, das zu Fragende niederzuschreiben. War dies geschehen, so schrieb er die Antwort sogleich freundlich darunter oder gab eine solche auch mündlich.

Bisweilen nahm er ein zweites, stärkeres Heft aus seiner Herzenstasche – ich meine die linke Brusttasche eines schlichten grauen Oberrocks – und schrieb mit halbgeschlossenen Augen.

«Was schreibt er nun wohl?» fragte ich eines Abends meinen Nachbar, den unerreichten Liederkomponisten Schubert, den allzufrüh Verklärten. – «Er komponiert», war seine Antwort. – «Er schreibt ja aber Worte, keine Noten!» – «Das ist so seine Art: er bezeichnet sich gewöhnlich mit Worten den Ideengang für dieses oder jenes Tonstück und setzt höchstens einige Noten dazwischen. So spielt er auch immer noch sehr schön das Pianoforte, und wer ihn hört, der glaubt nicht, daß er nicht hört. So rein, so sicher spielt er. – Ihm ist die Kunst bereits Wissenschaft geworden: er weiß, was er kann, und die Phantasie gehorcht seiner unergründlichen Besonnenheit.»

Ein andermal sprach Schubert: «Der kann alles; wir aber können noch nicht alles verstehen, und es wird noch viel Wasser die Donau dahinwogen, ehe es zum allgemeinen Verständnis gekommen, was dieser Mann geschaffen. – Nicht nur, daß er der erhabenste und üppigste aller Tondichter ist; er ist auch der mutwilligste. Er ist gleich stark in der dramatischen wie in der epischen Musik, in der lyrischen wie in der prosaischen; mit einem Worte: er kann alles. – Mozart verhält sich zu ihm wie Schiller zu Shakespeare; Schiller ist bereits verstanden, Shakespeare noch lange nicht. Mozart versteht alles schon, Beethoven begreift niemand so recht, er müßte denn recht viel Geist und noch mehr Herz haben und entsetzlich unglücklich lieben oder sonst unglücklich sein.»

Karl Braun von Braunthal

Zitiert nach Braunthals 1840 veröffentlichten Erinnerungen. Schuberts Bemerkungen zu Beethovens Klavierspiel in der Spätzeit stehen in Widerspruch zu vielen anderen Mitteilungen aus jener Zeit.

Nach so vielfältigem Wohnungswechsel also sollte, so hatte es das mißgünstige Geschick gewollt, der große Mann nun seine letzte Wohnung – zu traulich nachbarlichem Familienverbande voll lieber Jugenderinnerungen – im Schwarzspanierhause finden. Es war in der Zeit zwischen dem 29. September und 12. Oktober 1825, als Beethoven seine Wohnung im zweiten Stockwerk dieses Hauses bezog...

Meine Mutter hatte es übernommen, die Einrichtung der Wirtschaft zu leiten. Ihr erstes Geschäft war, ihm brauchbare Dienstleute aufzunehmen: Eine Köchin (Sali) ward gefunden, und in der Tat, wie es die Folge erwies, in ihr eine so ergebene verläßliche Person, daß sie als treue Wirtschafterin und nebstbei Pflegerin Beethovens Haus sofort bis zu seinem Ende wohnlich machte. Dieser Sali wurde eine Küchenmagd beigegeben und die erforderliche Kücheneinrichtung.

In dieser Periode der Wirtschaftsbestellung nahm er sich vor, uns zu Tische zu sich zu laden, ein Vorhaben, welches er uns schon lange zuvor in Aussicht gestellt hatte, und mein Vater erhielt den folgenden humoristisch-rhapsodischen Brief (Frühling 1826):

Du bist, mein verehrter Freund, überhäuft und ich auch. Dabei befinde ich mich noch immer nicht ganz wohl. Ich würde Dich jetzt schon zum Speisen eingeladen haben, allein, bis jetzt brauche ich mehrere Menschen, deren geistreichster Autor der Koch ist und deren geistreiche Werke sich zwar nicht in ihrem Keller befinden, die solchen jedoch in fremden Küchen und Kellern nachgehen, mit deren Gesellschaft Dir wenig gedient sein würde. Es wird sich jedoch bald ändern. – Czernys Klavierschule (für Gerhard) nehme einstweilen nicht; ich erhalte dieser Tage nähere Auskunft über eine andere. – Hier das Deiner Gattin versprochene Modejournal und etwas für Deine Kinder. Das Journal kann Euch von mir immer wieder zugestellt werden, so wie Du über alles andere, was Du von mir wünschest, zu gebieten hast.

Mit Liebe und Verehrung

Dein Freund
Beethoven.

Ich hoffe, uns bald zusammen zu sehen!

Das Journalheft enthielt Schweizer Ansichten: Luzern u. a. m. Später hat er es für kurze Zeit wieder zurückbegehrt; doch durch die dazwischentretende Krankheit und Tod ist es für uns abhanden gekommen, da er es vermutlich jemand anderem geliehen hatte.

Aus obigem Schreiben leuchtet seine fast idyllische Anhoffnung bevorstehender, lange entbehrter Behäbigkeit in seiner neuen Behausung hervor, nicht minder der Wunsch nach geselligem Umgang; wie er denn überhaupt nicht menschenscheu war, hingegen – aus eigener leidiger Erfahrung – fremde oder verwandtschaftliche unangenehme Umgebung keineswegs zu lieben Ursache hatte und nicht danach verlangte.

So geordnet übrigens jetzt seine Hauswirtschaft sich bald bestellt fand, so unordentlich blieb jedoch fortan seine Zimmereinrichtung, staubig und untereinandergeworfen seine Papiere und Habseligkeiten, unausgebürstet seine Kleider bei allem blendenden Weiß und Reinheit seiner Wäsche und trotz des vielfachen Waschens seines Körpers... Er hatte stets die Gewohnheit gehabt, wenn er längere Zeit am Tisch komponierend gesessen und hievon den Kopf erhitzt fühlte, zum Waschtisch zu eilen, Kannen Wasser über den erhitzten Kopf zu stürzen und nach solcherweise bewirkten Abkühlung, nur flüchtig abgetrocknet, wieder zur Arbeit zurückzukehren oder wohl gar noch inzwischen einen Spazierlauf ins Freie zu unternehmen.

Wie sehr dies alles in flüchtiger Hast geschah, um hiebei nicht aus seinem Phantasiefluge gerissen zu werden, und wie wenig hiebei an ein erforderliches Abtrocknen seiner durchnäßten Haaresfülle gedacht worden, beweist schon die Tatsache, daß es dabei vorkam, daß das über den Kopf geschüttete Wasser, von ihm unbemerkt, reichlich über den Fußboden sich ergoß, ja denselben auch durchdrang, an der Zimmerdecke der unterhalb wohnenden Partei zum Vorschein kam und seinerzeit mitunter zu unliebsamen Behelligungen von Seite dieser, des Hausmeisters und schließlich des Hauseigentümers, ja selbst zur Wohnungskündigung geführt hatte.

Meine Mutter, aus jener ordnungsliebenden Hausfrauen so gerne anhaftenden Scheu vor bestaubten Tellern und Bestecken und dergleichen mehr, mit Mittags-Einladungsgelüsten unter solchen Verhältnissen nicht eben sehr einverstanden, suchte seinem nunmehr öfter wiederholten Ansinnen, uns zum Mittagsmahle zu laden, allemal auszuweichen, es vorziehend, ihn dagegen lieber zu Tische zu uns herüberzubitten. Leider erfuhr ich diesermaßen niemals das interessante Vergnügen, ein Mittagsmahl bei ihm beobachtet zu haben. – Dafür nahm er wohl gerne die Einladungen zu uns an oder sandte uns gar oft ein Stück Fisch, wenn er solchen sich auf dem Markte hatte kaufen lassen; denn Fische zählten zu seinen Lieblingsgerichten, und was er liebte, wollte er gerne mit seinen Freunden teilen.

Wenn er nun bei uns mittags gegessen und häufig auch sonst, ging er nachmittags mit uns spazieren, zumal an Sonntagen, da an Wochentagen mein Vater nur zu selten einen freien Nachmittag sich gönnte. Gar einfach waren damals die Spaziergänge, und höchlichst zufriedengestellt waren wir alle, wenn wir einmal, statt über das allzugewohnte Glacis, über den Linienwall oder nach Hernals und Ottakring oder gar einmal nach Schönbrunn gingen. Da er hiebei bald meine große Anhänglichkeit an meinen Vater wahrnahm und bemerkte, daß ich gleichsam unzertrennlich mich immer um ihn bewegte, gab er mir sofort den Spitznamen «Hosenknopf», weil ich «wie der Knopf an der Hose an ihm hafte». Da ich aber auch bei diesen Spaziergängen außerdem vielfach voraus und wieder zurück zur Gesellschaft lief und überhaupt sehr beweglich war, änderte er später diesen Namen in «Ariel» um, weil dieser behend hin und her laufende Bote in Shakespeares «Sturm» so heißt. Diese beiden Namen behielt er für mich fortan so beharrlich bei, daß er im Verlaufe dieser Zeit und noch während seiner Krankheit, wenn er mir nach unserer Wohnung im Roten Hause Briefchen schrieb, alle diese mit dem einen oder dem anderen dieser Namen begann.

Gerhard von Breuning

In seinem 1874 in Wien veröffentlichten Buch «Aus dem Schwarzspanierhause. Erinnerungen an L. van Beethoven aus meiner Jugendzeit». – Gerhard von Breuning (1813–1892) war der Sohn von Beethovens Jugendfreund Stephan von Breuning («Steffen», 1774–1827), der als Hofrat im Hofkriegsrat tätig war. – Die Familie Breuning wohnte dem Schwarzspanierhause schräg gegenüber im sogenannten «Roten Haus».

Sie wünschen mir ein Werk zu widmen. So wenige Ansprüche ich auf dergleichen mache, so werde ich doch mit Vergnügen die Dedikation Ihres schönen Werkes annehmen. – Sie wollen aber auch, daß ich dabei als Kritikus erscheine, bedenken aber nicht, daß ich mich selbst muß kritisieren lassen. – Allein ich denke mit Voltaire, «daß einige Mückenstiche ein mutiges Pferd nicht in seinem Laufe aufhalten können». – In diesem Stücke bitte ich Sie, mir nachzufolgen. – Damit ich aber nicht versteckt, sondern offen, wie ich immer bin, Ihnen entgegenkomme, sage ich Ihnen nur, daß Sie in dergleichen künftigen Werken mehr auf die Vereinzelung der Stimmen achten könnten.

Am 10. Mai 1826 an Freiherr Karl August von Klein (geboren 1794 in Mannheim). – Die Stelle aus Voltaires Roman «L'Ingénu» (11. Kapitel), auf die Beethoven anspielt, lautet im Original: «Je les compare à certains moucherons qui vont déposer leurs œufs dans le derrière des plus beaux chevaux: cela ne les empêche pas de courir.»

LETZTE BOTSCHAFTEN AN DEN JUGENDFREUND

Wien, 7. Dezember 1826.

Mein alter geliebter Freund!
Welches Vergnügen mir Dein und Deiner Lorchen Brief verursachte, vermag ich nicht auszudrücken. Freilich hätte pfeilschnell eine Antwort darauf erfolgen sollen; ich bin aber im Schreiben überhaupt etwas nachlässig, weil ich denke, daß die besseren Menschen mich ohnehin kennen. Im Kopf mache ich öfter die Antwort, doch wenn ich sie niederschreiben will, werfe ich die Feder meistens weg, weil ich nicht so zu schreiben imstande bin, wie ich fühle.

Ich erinnere mich aller Liebe, die Du mir stets bewiesen hast, zum Beispiel wie Du mein Zimmer weißen ließest und mich so angenehm überraschtest. Ebenso von der Familie Breuning. – Kam man voneinander, so lag das im Kreislauf der Dinge: jeder mußte den Zweck seiner Bestimmung verfolgen und zu erreichen suchen; allein die ewig unerschütterlichen festen Grundsätze des Guten hielten uns dennoch immer fest zusammen verbunden.

Leider kann ich heute Dir nicht soviel schreiben, als ich wünschte, da ich bettlägerig bin, und beschränke mich darauf, einige Punkte Deines Briefes zu beantworten.

Du schreibst, daß ich irgendwo als natürlicher Sohn des verstorbenen Königs von Preußen angeführt bin; man hat mir davon vor langer Zeit ebenfalls gesprochen. Ich habe mir aber zum Grundsatz gemacht, nie weder etwas über mich selbst zu schreiben, noch irgend etwas zu beantworten, was über mich geschrieben worden. Ich überlasse Dir daher gerne, die Rechtschaffenheit meiner Eltern und meiner Mutter insbesondere der Welt bekanntzumachen.

Du schreibst von Deinem Sohne. Es versteht sich wohl von selbst, daß, wenn er hierher kommt, er seinen Freund und Vater in mir finden wird, und wo ich imstande bin, ihm in irgend etwas zu dienen oder zu helfen, werde ich es mit Freude tun.

Von Deiner Lorchen habe ich noch die Silhouette, woraus zu ersehen, wie mir alles Gute und Liebe aus meiner Jugend noch teuer ist.

Von meinen Diplomen schreibe ich nur kürzlich, daß ich Ehrenmitglied der Königlichen Gesellschaft der Wissenschaften in Schweden, ebenso in Amsterdam und auch Ehrenbürger von Wien bin. – Vor kurzem hat ein gewisser Dr. Spiker meine letzte große Symphonie mit Chören nach Berlin mitgenommen. Sie ist dem Könige gewidmet, und ich mußte die Dedikation eigenhändig schreiben. Ich hatte schon früher bei der Gesandtschaft um die Erlaubnis, das Werk dem Könige zueignen zu dürfen, angesucht, welche mir auch von ihm gegeben wurde. Auf Dr. Spikers Veranlassung mußte ich selbst das korrigierte Manuskript mit meinen eigenhändigen Verbesserungen demselben für den König übergeben, da es in die königliche Bibliothek kommen soll. – Man hat mich da etwas von dem Roten Adlerorden Zweiter Klasse hören lassen; wie es ausgehen wird, weiß ich nicht. Denn nie habe ich derlei Ehrenbezeigungen gesucht, doch wäre sie mir in diesem Zeitalter wegen manchem anderen nicht unlieb.

Es heißt übrigens bei mir immer: «Nulla dies sine linea!», und lasse ich die Muse schlafen, so geschieht es nur, damit sie desto kräftiger erwache. Ich hoffe, noch einige große Werke zur Welt zu bringen und dann wie ein altes Kind irgendwo unter guten Menschen meine irdische Laufbahn zu beschließen.

Du wirst bald durch die Gebrüder Schott in Mainz einige Musikalien erhalten. Das Porträt, welches Du beiliegend bekommst, ist zwar ein künstlerisches Meisterstück, doch ist es nicht das letzte, welches von mir verfertigt wurde. – Von den Ehrenbezeigungen, die Dir, ich weiß es, Freude machen, melde ich Dir noch, daß mir von dem verstorbenen König von Frankreich eine Medaille zugesandt wurde mit der Inschrift: «Donné par le Roi à Monsieur Beethoven», welche von einem sehr verbindlichen Schreiben des Premier Gentilhomme du Roi, Duc de Chârtres, begleitet wurde.

Mein geliebter Freund! Nimm für heute vorlieb! – Ohnehin ergreift mich die Erinnerung an die Vergangenheit, und nicht ohne viele Tränen erhältst Du diesen Brief. Der Anfang ist nun gemacht, und bald erhältst Du wieder ein Schreiben, und je öfter Du mir schreiben wirst, desto mehr Vergnügen wirst Du mir machen. Wegen unserer Freundschaft bedarf es von keiner Seite einer Anfrage, und so lebe wohl!

Ich bitte Dich, Dein liebes Lorchen und Deine Kinder in meinem Namen zu umarmen und zu küssen und dabei meiner zu gedenken – Gott mit Euch allen!

*

Wien, 17. Februar 1827.

Mit der Genesung, wenn ich es so nennen darf, geht es noch sehr langsam. Es läßt sich vermuten, daß noch eine vierte Operation zu erwarten sei, obwohl die Ärzte noch nichts davon sagen. Ich gedulde mich und denke: alles Üble führt manchmal etwas Gutes herbei...

Wieviel möchte ich Dir heute noch sagen; allein ich bin zu schwach. Ich kann daher nichts mehr, als Dich mit Deinem Lorchen im Geiste umarmen.

Mit wahrer Freundschaft und Anhänglichkeit an Dich und an die Deinen

Dein alter treuer Freund

Beethoven

An Dr. Franz Gerhard Wegeler (1765–1848), Arzt in Bonn und Gatte von Beethovens Jugendfreundin Eleonore von Breuning (1771–1841).

TESTAMENT

Wien, Mittwoch, 3. Januar 1827.

Herrn Dr. Bach
Verehrter Freund!

Ich erkläre vor meinem Tode Karl van Beethoven, meinen geliebten Neffen, als meinen einzigen Universalerben von allem meinem Hab und Gut, worunter hauptsächlich 7 Bankaktien und was sich an Barem vorfinden wird.

Sollten die Gesetze hier Modifikationen vorschreiben, so suchen Sie selbe so sehr als möglich zu seinem Vorteile zu verwenden. – Sie ernenne ich zu seinem Kurator und bitte Sie mit Hofrat Breuning, seinem Vormund, Vaterstelle bei ihm zu vertreten. – Gott erhalte Sie! – Tausend Dank für Ihre mir bewiesene Liebe und Freundschaft!

Ludwig van Beethoven
m. p.

Mit diesem an den Wiener Advokaten Dr. Johann Baptist von Bach (1779–1847) gerichteten Brief wird ein am 6. März 1823 ebenfalls in Briefform abgefaßtes Testament außer Kraft gesetzt, in dem Beethoven auch seinen Neffen zum Universalerben eingesetzt hatte, aber Dr. Bach beauftragte, bei der Wahl eines Vormunds für Karl seinen Bruder Johann auszuschließen.

Drei Tage vor seinem Tode fügte Beethoven auf Anraten Stephan von Breunings dem obigen Testament noch ein Kodizill hinzu, durch das die Erbschaft des Neffen insofern eingeschränkt wurde, als diesem nur die Nutznießung des Nachlasses zugesprochen wurde, während das Kapital seinen Erben gewahrt bleiben sollte. Das schon mit sehr unsicherer Hand geschriebene und viele Auslassungen aufweisende Kodizill lautete:

Mein Neffe Karl soll alleiniger Erbe sein, das Kapital meines Nachlasses soll jedoch seinen natürlichen oder testamentarischen Erben zufallen.

Wien, am 23. März 1827.

Ludwig van Beethoven.

GESPRÄCHE AM KRANKENBETT

Während Beethovens Krankheit (gegen Mitte Februar 1827) kamen eines Vormittags Händels sämtliche Werke – in schöner Quartausgabe gebunden – an ihn als Geschenk von dem Harfenvirtuosen Stumpff gesendet. Diese zu besitzen, war sein langgehegter Wunsch gewesen... Als ich mittags wie alltäglich um 12 Uhr zu ihm in das Zimmer trat, wies er mir mit vor Vergnügen strahlenden Augen allsogleich die auf einem der beiden Klaviere aufgehäuften Werke: «Sieh, dieses habe ich heute geschenkt erhalten! Man hat mir mit diesen Werken eine große Freude gemacht. Schon lange habe ich sie mir gewünscht; denn Händel ist der größte, der tüchtigste Kompositeur; von dem kann ich noch lernen.»

Dies und anderes darauf Bezügliches sprach er fort und fort in freudiger Erregung. Und nun begann ich, ihm eines nach dem anderen hinüber in sein Bett zu reichen. Er blätterte in einem Bande nach dem anderen, wie ich sie ihm gab, verharrte mitunter bei einzelnen Stellen und legte einen Band nach dem anderen sofort auf sein Bett zu seiner Rechten gegen die Wand hin, bis endlich alle dort aufgetürmt standen und mehrere Stunden so verblieben, denn noch nachmittags fand ich sie daselbst. Und wieder begann er über die Größe Händels sich in lebhaften Lobeserhebungen zu ergehen, ihn als den klassischsten und gründlichsten aller Tondichter zu bezeichnen.

*

Einstmals, wie öfter, wenn ich kam, fand ich ihn schlafend. Ich setzte mich dann an sein Bett, mich ruhig verhaltend, um ihn aus dem – wie ich erhoffte, ihn kräftigenden – Schlafe nicht zu wecken, und blätterte und las unterdessen in den auf dem Bett-Tischchen noch zum Gebrauche liegenden Konversationsheften, um zu wissen, wer inzwischen hier gewesen und was besprochen worden sei. – Da fand ich unter anderem die Stelle: «Ihr gestern von Schuppanzigh aufgeführtes Quartett hat nicht angesprochen.» – Als er nach kurzer Zeit erwachte, hielt ich ihm diese Stelle vor die Augen, ihn fragend, was er dazu sage. – «Wird ihnen schon einmal gefallen!» war die lakonische Antwort, die er mir gab, und fügte hinzu, daß er schreibe, wie er es für gut halte, und daß er sich durch das Urteil der Gegenwart nicht beirren lasse: «Ich weiß, ich bin ein Künstler!»

So kamen wir, da wir allein waren, weiter im Gespräche über musikalische Schöpfungen, und ich nahm Gelegenheit, ihn zu fragen, warum er keine zweite Oper geschrieben, obwohl ich längst von meinem Vater gewußt, daß ein Hauptgrund für dieses Unterlassen in den vielen Ärgernissen gelegen, welche ihm bei der Inszenierung des «Fidelio» widerfahren waren, und auch in dem Umstande, daß man diese Oper so wenig anerkannt und sie ihm noch weniger Gewinn eingetragen hatte. – Er erwiderte mir: «Ich wollte noch eine andere Oper schreiben, aber ich habe kein passendes Textbuch dazu gefunden. Ich brauche einen Text, der mich anregt; es muß etwas Sittliches, Erhebendes sein. Texte, wie Mozart komponieren konnte, wäre ich nie imstande gewesen, in Musik zu setzen. Ich konnte mich für liederliche Texte niemals in Stimmung versetzen. Ich habe viele

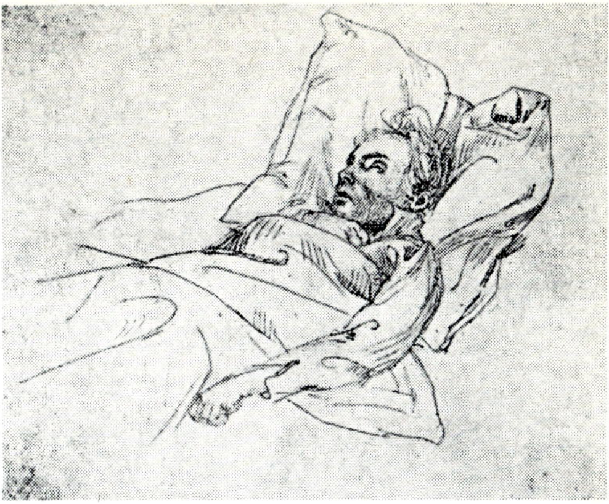

BEETHOVEN AUF DEM TOTENBETT

Bleistiftzeichnung von J. Teltscher

Textbücher erhalten, aber, wie gesagt, keines, wie ich es gewünscht hätte.»

Und weiters sagte er mir: «Ich habe noch vieles schreiben wollen. Jetzt die Zehnte Symphonie, auch ein Requiem wollte ich komponieren und die Musik zu ‹Faust›; ja auch eine Klavierschule. Diese hätte ich aber ganz anders gemacht, als die andern sie verfaßt haben. – Nun, dazu komme ich nicht mehr, und überhaupt, solange ich krank bin, arbeite ich nichts, wie sehr auch Diabelli und Haslinger drängen mögen; denn dazu muß ich aufgelegt sein. – Ich habe oft lange Zeit nichts komponieren können, dann kommt es auf einmal wieder.»

Gerhard von Breuning

In seinem Buch «Aus dem Schwarzspanierhause. Erinnerungen an L. van Beethoven aus meiner Jugendzeit», Wien 1874.

DER KÜNFTIGE BIOGRAPH

Als im Verlaufe der Krankheit Beethoven sich mit Stephan von Breuning und dem Verfasser dieser Schrift über die Biographien des griechischen Plutarch unterhielt, benutzte Breuning die längst erwünschte Gelegenheit, den Meister, scheinbar ohne alle Absicht, zu fragen, wen er sich wohl unter seinen Zeitgenossen zu seinem Biographen erwählen wollte. Ohne sich zu bedenken, antwortete er: «Rochlitz, wenn er mich überleben sollte!»

Weiter sprach er noch, daß es sicher zu vermuten sei, daß viele geschäftige Federn sich auch nach seinem Hinscheiden beeilen würden, die Welt mit einer Unzahl von Anekdoten und Histörchen über ihn zu unterhalten, die aller Wahrheit ermangeln – wie es überhaupt Männern zu ergehen pflege, die einigen Einfluß auf ihre Zeit gehabt. Daher sei sein aufrichtiger Wunsch, daß, was man einstens über ihn sage, nach allen Beziehungen hin strenge die Wahrheit getreu gesagt werde, gleichviel, ob dieser oder jener sich dadurch getroffen fühle, oder es selbst seine eigene Person betreffe.

Diese Äußerung in einem Momente ausgesprochen, wo des Freundes Auflösung als nahe bevorstehend schien, war für uns zu wichtig, als daß wir ihr keine weitere Folge hätten geben sollen. Doch mußte hiemit die größtmöglichste Vorsicht beobachtet werden, wie mit allem, was nur entfernt auf Tod Bezug haben konnte; denn seine Phantasie, aufgeregter wie selten im gesunden Zustande, schweifte durch alle Welträume, entwarf Pläne zu Reisen, zu großen Kompositionen usw., kurz, an einen nahen Tod dachte er in jenem Momente noch nicht, wollte auch durch nichts daran gemahnt sein. – Leben wollte er, denn es war noch so vieles zu schaffen, wozu vielleicht keinem außer ihm die Kraft verliehen war. Die Vorsicht gebot uns demnach, mit unseren Wünschen eine passendere Gelegenheit abzuwarten, um ihn auf diesen Punkt wieder zurückführen zu können.

Diese ergab sich leider nur zu bald, indem er selber infolge fühlbarer Abnahme der physischen Kräfte die Hoffnung zu einer Genesung eitel nannte und anfing, mit stoischer Weisheit seiner Auflösung entgegen zu sehen. – Plutarch und andere der griechischen Lieblingsschriftsteller lagen um ihn herum, als er eines Tages wieder auf seinen vielbewunderten Lucius Brutus (dessen Statuette vor ihm stand) zu sprechen kam, der für uns das Stichwort abgab, den abgebrochenen Faden in betreff seines Biographen wieder zu erfassen. – Ergeben in sein Schicksal las Beethoven das von Breuning Geschriebene mit gespannter Aufmerksamkeit und sagte dann gelassen: «Dort liegt dieses, dort jenes Papier! Nehmet es und machet den besten Gebrauch davon, doch in allem streng die Wahrheit, dafür mache ich Euch beide verantwortlich, und schreibet an Rochlitz!»

Über einige der bezeichneten Papiere gab er noch besondere Aufschlüsse und Notizen. Was noch in jener wichtigen Stunde auf sein Verlangen geschah, war, daß ich sämtliche vorhandene Korrespondenz, Breuning aber alle Familiendokumente und sonstigen Papiere in Gewahrsam nehmen sollte.

Felix Anton Schindler

In der Einleitung zu seiner 1840 in Münster erschienenen Beethoven-Biographie. – Im Anschluß an obige Ausführungen berichtet Schindler noch über die nach Beethovens Tod mit Johann Friedrich Rochlitz (1769–1842) geführten Verhandlungen unter anderem: «Nach des Meisters Hinscheiden waren wir entschlossen, vereint den Wunsch unseres verewigten Freundes an Hofrat Rochlitz gelangen zu lassen, als Breuning erkrankte und schon nach zwei Monaten seinem Jugendfreunde ins Jenseits nachfolgte – ein in vielfacher Beziehung höchst betrüblicher Fall, der mich in der gemeinschaftlichen Sache für Beethoven in eine unangenehme Lage versetzte, indem ich den einzigen Gefährten verloren hatte. – Die Witwe von Breuning übergab mir alsbald die von ihrem verstorbenen Gemahl aufbewahrten Papiere – mit Ausnahme der Familiendokumente, welche der Kurator der Verlassenschaft, Dr. Bach, an sich gezogen –, und so lag es nun mir allein ob, Rochlitz mit dem Wunsche Beethovens bekannt zu machen, was schon unterm 12. September 1827 geschah.» – Schindler berichtet dann noch ausführlich über die Absage, die ihm Rochlitz am 18. September aus Rücksichten auf seine Gesundheit zukommen ließ, und schildert des weiteren die besonderen Umstände – seine engen persönlichen Beziehungen zu Beethoven –, die die Übernahme des Biographenamtes durch ihn selbst erforderten.

HILFERUFE NACH ENGLAND UND IHRE ERHÖRUNG

Wien, den 8. Februar 1827.

Sehr werter Freund!

Welch großes Vergnügen mir die Übersendung der Werke von Händel gemacht hat, die Sie mir sogar zum Geschenk machten (für mich ein königlich Geschenk!), dies vermag meine Feder nicht zu beschreiben. Man hat es sogar hier in die Zeitung gebracht, welches ich Ihnen hier mitteile.

Leider liege ich schon seit dem 3. Dezember bis jetzt an der Wassersucht darnieder. Sie können denken, in welche Lage mich dieses bringt! Ich lebe gewöhnlich nur von dem Ertrage meiner Geisteswerke, alles für mich und meinen Karl davon zu schaffen. Leider seit dritthalb Monaten war ich nicht imstande, eine Note zu schreiben.

Mein Gehalt beträgt nur so viel, daß ich davon den halbjährigen Wohnungszins bestreiten kann; dann bleiben noch einige hundert Gulden Wiener Währung übrig. Bedenken Sie noch, daß sich das Ende meiner Krankheit noch gar nicht bestimmen läßt und es endlich nicht möglich sein wird, gleich mit vollen Segeln auf dem Pegasus durch die Lüfte zu segeln. Arzt, Chirurgus, Apotheker, alles muß bezahlt werden.

Ich erinnere mich recht wohl, daß die Philharmonische Gesellschaft vor mehreren Jahren ein Konzert zu meinen Besten geben wollte. Es wäre für mich ein Glück, wenn sie jetzt diesen Vorsatz von neuem fassen wollte: ich würde vielleicht aus aller mir bevorstehenden Verlegenheit doch gerettet werden können.

Ich schreibe deswegen an Herrn Smart, und können Sie, werter Freund, etwas zu diesem Zwecke beitragen, so bitte ich Sie nur, sich mit Herrn Smart zu vereinigen. Auch an Moscheles wird deshalb geschrieben, und in Vereinigung aller meiner Freunde glaube ich doch, daß sich in dieser Sache etwas für mich wird tun lassen.

An Johann Andreas Stumpff (1769–1846) in London. – Über den Aufenthalt Stumpffs in Wien im Jahre 1824 siehe Seite 189.

*

Wien, 14. März 1827.

Am 27. Februar wurde ich zum vierten Male operiert, und jetzt sind schon wieder sichtbare Spuren da, daß ich bald die fünfte zu erwarten habe. Wo soll das hin und was soll aus mir werden, wenn es noch einige Zeit so fortgeht? – Wahrlich, ein sehr hartes Los hat mich getroffen! – Doch ergebe ich mich in die Fügung des Schicksals und bitte Gott stets nur, er möge es in seinem göttlichen Ratschlusse so lenken, daß ich, solange ich noch hier den Tod im Leben erleiden muß, vor Mangel geschützt werde. Dies würde mir so viel Kraft geben, mein Los, so hart und schrecklich es immer sein möge, mit Ergebenheit in den Willen des Allerhöchsten zu ertragen.

*

Wien, 18. März 1827.

Mein lieber, guter Moscheles!
Mit welchen Gefühlen ich Ihren Brief vom 1. März durchgelesen, kann ich Ihnen nicht mit Worten

schildern. Der Edelmut der Philharmonischen Gesellschaft, mit welchem man meiner Bitte beinahe zuvorkam, hat mich bis in das Innerste meiner Seele gerührt. Ich ersuche Sie daher, lieber Moscheles, das Organ zu sein, durch welches ich meinen innigsten, herzlichsten Dank für die besondere Teilnahme und Unterstützung an die Philharmonische Gesellschaft gelangen lasse.

Ich fand mich genötigt, sogleich die ganze Summe von tausend Gulden Konventionsmünze in Empfang zu nehmen, indem ich gerade in der unangenehmen Lage war, Geld aufzunehmen, welches mich in neue Verlegenheit gesetzt hätte.

Rücksichtlich der Akademie, welche die Philharmonische Gesellschaft für mich zu geben beschlossen hat, bitte ich die Gesellschaft, ja dieses edle Vorhaben nicht aufzugeben und diese tausend Gulden, welche sie mir jetzt schon im voraus übermachen ließ, von dem Ertrage dieser Akademie abzuziehen. – Und will die Gesellschaft mir den Überrest noch gütigst zukommen lassen, so verpflichte ich mich, der Gesellschaft dadurch meinen wärmsten Dank abzustatten, indem ich ihr entweder eine neue Symphonie, die schon skizziert in meinem Pulte liegt, oder eine neue Ouvertüre oder etwas anderes zu schreiben mich verbinde, was die Gesellschaft wünscht.

Möge der Himmel mir nur recht bald wieder meine Gesundheit schenken, und ich werde den edelmütigen Engländern zeigen, wie sehr ich ihre Teilnahme an meinem traurigen Schicksal zu würdigen wissen werde!

An den Komponisten und Klaviervirtuosen Ignaz Moscheles (1794 bis 1870) in London. – Die oben wiedergegebenen Briefe wurden von Beethoven Schindler diktiert und von ihm nur unterzeichnet.

LETZTE BESUCHE

In Wien wurde uns von den Künstlern, die Hummel aufsuchten, das Schlimmste über Beethovens Zustand berichtet. Derselbe sei einesteils hoffnungslos, andernteils unendlich traurig. Gänzliche Gehörlosigkeit, stets wachsendes Mißtrauen aller Welt gegenüber, dazu jetzt körperliches Leiden – erfolglose Operationen – Unmut und Einsamkeit – ja fast schreckenerregendes Äußeres. So vorbereitet fuhren wir in die Vorstadt hinaus.

Durch ein geräumiges Vorzimmer, in welchem hohe Schränke dicke, zusammengeschnürte Massen von Musikalien trugen, kamen wir (wie pochte mir das Herz!) in Beethovens Wohnzimmer und waren nicht wenig erstaunt, den Meister dem Anscheine nach ganz behaglich am Fenster sitzend zu finden. Er trug einen langen, grauen, im Momente gänzlich geöffneten Schlafrock und hohe, bis an die Knie reichende Stiefel. Abgemagert von der bösen Krankheit, erschien er mir, als er aufstand, von hoher Statur. Er war nicht rasiert; sein volles, halb graues Haar fiel ungeordnet über die Schläfen. Der Ausdruck seines Gesichtes wurde sehr freundlich und hell, als er Hummels ansichtig wurde, und er schien sich außerordentlich mit ihm zu freuen. Die beiden Männer umarmten einander aufs herzlichste. Hummel stellte mich vor; Beethoven bezeigte sich überaus gütig, und ich durfte mich ans Fenster ihm gegenüber setzen.

Es ist bekannt, daß die mündliche Unterhaltung mit Beethoven zum Teil schriftlich geführt wurde. Er sprach; aber diejenigen, mit denen er sprach, mußten ihre Fragen und Antworten aufschreiben. Zu diesem Ende lagen dicke Hefte gewöhnlichen Schreibpapiers in Quartformat und Bleistifte stets in seiner Nähe. – Wie peinvoll mag es für den lebhaften, sogar leicht ungeduldigen Mann gewesen sein, jegliche Antwort abwarten zu müssen, in jeder Minute des Gespräches eine Pause eintreten zu lassen, während welcher seine Denktätigkeit gleichsam zum Stillstand verdammt war. – Auch verfolgte er die Hand des Schreibenden mit gierigem Auge und übersah das Geschriebene mehr mit einem Blick, als daß er es las. Der Lebhaftigkeit des Gespräches tat die fortwährende schriftliche Arbeit der Besuchenden natürlich großen Eintrag...

Das Gespräch drehte sich zu Anfang, wie üblich,

um Haus und Hof, Reise und Aufenthalt, mein Verhältnis zu Hummel und was dergleichen mehr. Nach Goethes Befinden erkundigte sich Beethoven mit außerordentlicher Teilnahme, und wir durften das Beste melden. Hatte mir doch noch vor einigen Tagen der große Dichter einige freundliche, auf die Reise bezüglichen Verse in mein Stammbuch geschrieben.

Über sein Befinden klagte der arme Beethoven gar sehr. – «Da liege ich nun schon vier Monate», rief er aus, «man verliert zuletzt die Geduld!» – Auch sonst schien vieles in Wien nicht nach seinem Sinne, und er äußerte sich in der schärfsten Weise über den «jetzigen Kunstgeschmack» und über den «hier alles verderbenden Dilettantismus». Auch die Regierung, bis in die höchsten Regionen hinauf, wurde nicht verschont. – «Schreibe ein Heft Bußlieder und dediziere es der Kaiserin!» sagte er unmutig lachend zu Hummel, welcher aber von dem wohlgemeinten Rate keinen Gebrauch machte.

Hummel, der ein praktischer Mann war, benutzte den momentan günstigen Zustand Beethovens zu einer Mitteilung, welche aber längere Zeit erforderte: Der Nachdruck stand damals in höchster Blüte. Bei der Herausgabe eines Konzerts meines Lehrers hatte es sich ereignet, daß das Stück, von welchem ein Exemplar aus der Offizin des rechtmäßigen Verlegers entwendet worden war, nicht allein nach-, sondern vorgestochen wurde.

Der Dieb veröffentlichte es nämlich früher, als es dem Eigentümer gestattet gewesen. – An den hohen Bundestag wollte nun Hummel sich mit einer Bittschrift wenden, damit dem Unfug gesetzlich gesteuert werde, und die Unterschrift Beethovens erschien ihm dabei von größter Wichtigkeit. Er setzte sich hin, den Gegenstand schriftlich zu erörtern, und mir wurde unterdes die Ehre zuteil, das Gespräch mit Beethoven fortsetzen zu dürfen.

Ich tat mein Bestes, und der Meister ließ weiterhin seinen wehmütig-leidenschaftlichen Ergießungen in zutraulichster Weise ihren Lauf. Sie betrafen zum großen Teil seinen Neffen, den er sehr liebte, der ihm bekanntlich viel Ungemach bereitete und zu jener Zeit wegen einiger Lappalien – so schien Beethoven es wenigstens anzusehen – mit den Behörden in Verdrießlichkeiten geraten war. – «Die kleinen Diebe hängt man, die großen läßt man laufen!» rief er verdrießlich aus. – Nach meinen Studien sich erkundigend und mich ermunternd, sagte er: «Man muß die Kunst immer fortpflanzen!», und als ich von dem ausschließlichen Interesse sprach, welches damals die italienische Oper in Wien in Anspruch nahm, brach er in die denkwürdigen Worte aus: «Man sagt ‹Vox populi, vox dei!› – ich habe nie daran geglaubt.»

*

Am 13. März nahm mich Hummel zum zweitenmal mit zu Beethoven. Wir fanden seinen Zustand wesentlich verschlimmert. Er lag zu Bette, schien starke Schmerzen zu haben und stöhnte zuweilen tief auf, trotzdem sprach er viel und lebhaft.

Nicht geheiratet zu haben, schien er sich jetzt zu Herzen zu nehmen. – Schon bei unserem ersten Besuche scherzte er mit Hummel hierüber, dessen Gattin er als junges, schönes Mädchen gekannt hatte. – «Du», sagte er diesmal zu ihm, «du bist ein glücklicher Mann! Du hast eine Frau, die pflegt dich, die ist verliebt in dich, aber ich Armer!» – und er seufzte schwer. – Auch bat er Hummel, ihm doch seine Frau zu bringen, die sich nicht hatte entschließen können, den Mann, den sie auf der Höhe seiner Kraft gekannt, so wiederzusehen.

Man hatte ihm kurz vorher ein Bild des Hauses geschenkt, in welchem Haydn geboren worden. Er hatte es in der Nähe des Bettes und zeigte es uns. – «Es hat mir eine kindische Freude gemacht», sagte er, «die Wiege eines so großen Mannes!»

*

Kurz nach unserem zweiten Besuche verbreitete sich in Wien die Nachricht, daß die Philharmonische Gesellschaft in London Beethoven hundert Pfund Sterling gesandt habe, um ihm sein Krankenlager zu erleichtern. Man fügte hinzu, daß die Überraschung auf den großen armen Mann einen solchen Eindruck gemacht, daß er sich auch körperlich überaus erleichtert fühlte. – Als wir am 20. März wieder an seinem Bette standen, ging zwar aus seinen Äußerungen hervor, wie sehr jene Aufmerksamkeit ihn erfreut, aber er war überaus schwach und sprach nur leise und in abgebrochenen Sätzen. – «Ich werde wohl bald nach oben machen!» flüsterte er nach unserer Begrüßung.

Ähnliche Ausrufungen kamen öfters wieder. Dazwischen aber sprach er von Entwürfen und Hoffnungen, die sich freilich leider nicht realisieren sollten. Von dem edlen Gebaren der Philharmonischen Gesellschaft redend und die Engländer preisend, meinte er, sobald es besser mit ihm stehe, die Reise nach London anzutreten. «Ich will ihnen eine große Ouvertüre komponieren und eine große Symphonie!» – Und dann wollte er Frau Hummel auch besuchen (sie war mitgekommen) und sich, ich weiß nicht mehr, wo überall, aufhalten. – Ihm etwas aufzuschreiben, kam uns nicht in den Sinn. Sein Auge, welches das letzte Mal, als wir ihn gesehen, noch ziemlich lebendig gewesen, fiel heute zusammen, und es wurde ihm schwer, sich von Zeit zu Zeit aufzurichten. Man konnte sich keiner Täuschung mehr hingeben: das Schlimmste stand zu befürchten.

*

Trostlos aber war der Anblick des außerordentlichen Mannes, als wir ihn am 23. März wieder aufsuchten. – Matt und elend lag er da, zuweilen leise seufzend. Kein Wort mehr entfiel seinen Lippen. Der Schweiß stand ihm auf der Stirn. Als er zufällig sein Schnupftuch nicht gleich zur Hand hatte, nahm Hummels Gattin ihr feines Battistläppchen und trocknete ihm mehrmals das Antlitz damit. – Nie werde ich den dankbaren Blick vergessen, mit welchem sein gebrochenes Auge dann zu ihr hinansah.

Ferdinand Hiller

Der Komponist Ferdinand Hiller (1811–1885) kam im Frühjahr 1827 als Fünfzehnjähriger mit seinem Lehrer Johann Nepomuk Hummel (1778–1837), der seit 1820 Hofkapellmeister in Weimar war, nach Wien. Seine Erinnerungen an Beethoven sind hier nach seinem Beitrag zum «Beethoven-Album» vom Jahre 1877 zitiert.

DIE LETZTEN TAGE

24. März 1827.

Mein guter Moscheles!
Wenn Sie diese Zeilen lesen, wandelt unser Freund nicht mehr unter den Lebenden. Seine Auflösung geht mit Riesenschritten, und es ist nur ein Wunsch unser aller, ihn bald von diesen schrecklichen Leiden erlöst zu sehen. Nichts anderes bleibt mehr übrig. – Seit acht Tagen liegt er schon beinahe wie

tot; nur manchen Augenblick rafft er seine letzten Kräfte zusammen und fragt nach etwas oder verlangt etwas... Er befindet sich fortwährend in einem dumpfen Dahinbrüten, hängt den Kopf auf die Brust und sieht starr stundenlang auf einen Fleck. Die besten Bekannten kennt er selten, ausgenommen man sagt ihm, wer vor ihm steht. – Kurz, es ist schauderhaft, wenn man dieses sieht, und nur noch wenige Tage kann dieser Zustand dauern, denn alle Funktionen des Körpers hörten seit gestern auf.

Also will's Gott, so ist er, wie wir auch mit ihm, bald erlöset! – Scharenweise kommen jetzt die Menschen, um ihn noch zu sehen, obgleich durchaus niemand vorgelassen wird bis auf jene, welche keck genug sind, den sterbenden Mann noch in seinen letzten Stunden zu belästigen.

Der Brief an Sie ist bis auf wenige Worte im Eingange ganz wörtlich von ihm diktiert und wohl der letzte seines Lebens, obwohl er mir heute noch ganz abgebrochen die Worte «Smart – Stumpff – schreiben!» zuflüsterte. Wird es möglich sein, daß er nur seinen Namen noch aufs Papier bringt, so wird es auch noch geschehen.

Er fühlt sein Ende, denn gestern sagte er mir und (dem jungen) Herrn von Breuning: «Plaudite, amici, comoedia finita est!»

Auch waren wir gestern so glücklich, mit dem Testamente in Ordnung zu kommen, obwohl nichts da ist als einige alte Möbel und Manuskripte. – Unter der Feder hatte er ein Quintett für Streichinstrumente und die Zehnte Symphonie, deren er in Ihrem Briefe erwähnt...

Ich hätte nur sehr gewunschen, Sie hätten in Ihrem Briefe bestimmt erklärt, er könne diese Summe von tausend Gulden nur teilweise erheben; allein Beethoven hielt sich an den Schluß des Satzes aus Ihrem Briefe. – Kurz, Kummer und Sorgen waren auf einmal verschwunden, wie das Geld da war, und er sagte ganz vergnügt: «Nun können wir uns wieder manchmal einen guten Tag antun!»; denn es waren nur noch 340 Gulden in der Kassette, und wir beschränkten uns daher seit einiger Zeit auf Rindfleisch und Zugemüse, welches ihn mehr schmerzte als alles andere.

Des andern Tages, als Freitag, ließ er sich sogleich seine Lieblingsgerichte von Fischen machen, um nur davon naschen zu können. Kurz, seine Freude über die edle Handlung der Philharmonischen Gesellschaft artete weilenweise ins Kindische aus. – Auch mußte sogleich ein großer sogenannter Großvaterstuhl angeschafft werden, der fünfzig Gulden kostete, in welchem er täglich wenigstens eine halbe Stunde ruht, so daß er sich das Bett ordentlich machen lassen kann.

Sein Eigensinn ist aber noch immer entsetzlich und wirkt vorzüglich auf mich sehr hart, indem er durchaus niemand um sich leiden will als mich. –

Und was blieb mir anderes übrig, als alle meine Lektionen aufzugeben und die ganze Zeit, die ich nur immer zusammenraffen konnte, ihm zu widmen? – Jedes Getränk und jede Speise muß ich vorher versuchen, ob es ihm auch nicht schädlich sein könnte. – So herzlich gerne ich dies nun auch tue, so dauert das für so einen armen Teufel, als ich bin, schon leider zu lange...

Felix Anton Schindler

*

Kein Trost vermochte ihn mehr aufzurichten, und als ich ihm mit der herannahenden Frühlingswitterung Linderung seiner Leiden tröstend verhieß, entgegnete er mir lächelnd: «Mein Tagewerk ist vollbracht; wenn hier noch ein Arzt helfen könnte, his name shall be called wonderfull!» – Diese betrübende Anspielung auf Händels «Messias» ergriff mich so mächtig, daß ich in meinem Innern die Wahrheit des Ausspruchs mit tiefer Rührung bestätigen mußte.

Nun rückte der unglücksschwere Tag immer näher heran. Meine schöne und oft so schwere Berufspflicht als Arzt hieß mich, den befreundeten Dulder auf den verhängnisvollen Tag aufmerksam zu machen, damit er den Pflichten des Bürgers und der Religion Genüge leiste. Mit der zartesten Schonung schrieb ich die mahnenden Zeilen auf ein Blatt Papier. – Beethoven las das Geschriebene mit einer beispiellosen Fassung langsam und sinnend, sein Gesicht glich dem eines Verklärten; er reichte mir herzlich und ernst die Hand und sagte: «Lassen Sie den Herrn Pfarrer kommen!» – Nun wurde er still und nachdenkend und nickte mir sein «Ich sehe Sie bald wieder!» freundlich zu.

Andreas Ignaz Wawruch

Wawruch (1772 oder 1782–1842) war damals Professor an der Klinik für Wundärzte in Wien. Er war jener Arzt, den der Kaffeehauskellner (siehe Seite 130) an das Krankenlager Beethovens geholt hatte. Er schrieb am 20. Mai 1827 eine ausführliche Krankheitsgeschichte nieder, die am 30. April 1842 in der «Wiener Zeitschrift für Kunst, Literatur, Theater und Mode» veröffentlicht wurde. Ihr wurde das obige und das übernächste Zitat entnommen.

*

Der Pfarrer kam (am 24. März) gegen 12 Uhr, und die Funktion ging mit der größten Erbauung vorüber... Darauf bat er mich nochmals, nicht an Schott (Bescheinigung des Verlagsrechtes an dem Streichquartett in cis-moll, op. 131) zu vergessen, und auch der Philharmonischen Gesellschaft nochmals in seinem Namen für das große Geschenk zu danken, mit dem Beisatze, daß die Gesellschaft ihm seine letzten Lebenstage erheitert habe und daß er noch am Rande des Grabes der Gesellschaft und der ganzen englischen Nation danken werde. Gott wolle sie segnen! und dergleichen.

In diesem Augenblicke trat der Kanzleidiener

des Herrn Hofrat von Breuning mit dem Kistchen Wein und dem Tranke, von Ihnen geschickt, ins Zimmer. Dies war gegen 3/4 auf 1 Uhr. Ich stellte ihm die zwei Bouteillen Rüdesheimer und die anderen zwei Bouteillen mit dem Tranke auf den Tisch zu seinem Bette. Er sah sie an und sagte: «Schade! – Schade! – – zu spät!» – Dies waren seine allerletzten Worte.

Gleich darauf verfiel er in solche Agonie, daß er keinen Laut mehr hervorbringen konnte. – Gegen Abend verlor er das Bewußtsein und fing an zu phantasieren. Dies dauerte fort bis den 25. abends.

Felix Anton Schindler

Am 12. April 1827 in einem Brief an den Verlag Schott's Söhne in Mainz, der in der Zeitschrift «Cäcilia» des Verlages im Mai 1827 an Stelle eines Nekrologes abgedruckt wurde.

*

Am folgenden Morgen waren alle Symptome der herannahenden Auflösung da. Der 26. März war stürmisch, trüb. – Gegen die sechste Nachmittagsstunde erhob sich ein Schneegestöber mit Donner und Blitz. – Beethoven starb. – Würde ein römischer Augur aus dem zufälligen Aufruhr der Elemente nicht auf seine Apotheose geschlossen haben?

Andreas Ignaz Wawruch

Einladung zu Ludwig van Beethovens Leichenbegängnis, welches am 29. März um 3 Uhr nachmittags stattfinden wird. – Man versammelt sich in der Wohnung des Verstorbenen im Schwarzspanierhause Nr. 200, am Glacis vor dem Schottentore. Der Zug begibt sich von da nach der Dreifaltigkeitskirche bei den P. P. Minoriten in der Alsergasse.

Die musikalische Welt erlitt den unersetzlichen Verlust des berühmten Tondichters am 26. März 1827, abends gegen 6 Uhr. Beethoven starb an den Folgen der Wassersucht im 56. Jahre seines Alters, nach empfangenen heil. Sakramenten. Der Tag der Exequien wird nachträglich bekanntgemacht von

L. van Beethovens
Verehrern und Freunden.

(Diese Karte wird in Tob. Haslingers Musikalienhandlung verteilt.)

Gedruckt bei Anton Strauß.

*

Am 29. März, als ich mit meinem Vater in die Trauerwohnung hinüberging und einige Haare Beethovens abschneiden wollte – Vater hatte mir dies erst bis gegen das Ende der Aufbahrung tun zu dürfen zugestanden, um das Aussehen früher nicht zu verunstalten –, fanden wir, daß fremde Hände bereits alle abgeschnitten hatten.

Nachmittags 3 Uhr fand das Leichenbegängnis statt. – Schien Beethoven während seines langen Leidens von den Wienern nahezu vergessen, so hatte die Kunde seines Todes die Bevölkerung aus ihrer Teilnahmslosigkeit gewaltig aufgerüttelt. – Schon ein paar Stunden vor der anberaumten Zeit hatte sich eine Menschenmenge vor dem Schwarzspanierhause angesammelt und unaufhörlich strömten aus allen Richtungen reihenweise Teilnehmende und Neugierige hinzu. Wohl bei 20000 Menschen deckten gedrängt den Raum vom Hause bis etwa gegen die Stelle des Glacis, wo dermalen die Votivkirche sich erhebt. Alle Kunstnotabilitäten hatten sich eingefunden. Die Sänger der eben – unter Barbajas Direktion – in Wien bestehenden trefflichen italienischen Oper hatten erklärt, am Sarge singen zu wollen.

Das Drängen und Wogen der Menschenmenge nahm beispiellos zu. Als der Sarg über die Treppe getragen und hinter dem Hauseingange im Hofe hingestellt worden, wo nunmehr die rundum sich aufstellenden italienischen Sänger einen Trauergesang anstimmen wollten, begann man derart in das Haus zu stürmen, daß ob des Lärmens nichts zu vernehmen gewesen wäre. – In Voraussicht des Gedränges hatte mein Vater kurz zuvor aus der nahen Alserkaserne einiges Militär erbeten und jetzt das Haustor sperren lassen. – Als aber nach beendeter Gesangsfeierlichkeit der Sarg gehoben und das Tor wieder geöffnet worden war, stürzte die Menge aus dem Hofe und von der Straße derart weiters hinzu und dem Sarge sich anschließend nach, daß wir Nächstleidtragenden: Bruder Johann, Vater, Schindler und ich, anstatt unmittelbar hinter dem Sarge, erst dann, und zwar weit rückwärts in die nur halbwegs zu ermöglichende Reihe einzutreten gelangten, nachdem der Sarg schon nahe der Ecke des Roten Hauses gekommen war. Acht Kapellmeister – Eibler, Hummel, Seyfried, Kreutzer, Weigl, Gyrowetz, Würfel und Gänsbacher – hielten die Enden des Bahrtuches. Eine große Anzahl von Tonkünstlern umgab den Sarg, Kerzen tragend.

Der Zug schien endlos: die Volksmassen, die sich in Bewegung gesetzt hatten, zählten nach Tausenden; ganz Wien schien auf dem Wege zu sein. – Es ertönte Beethovens Trauermarsch aus der Klaviersonate op. 26, als der Sarg um die Ecke des Roten Hauses bog, und es ging nach der Pfarrkirche in der Alserstraße. Dort, an den Stufen der Kirche, vermehrte sich das Drängen in gleicher Weise wie zuvor am Schwarzspanierhause, und der erbetene militärische Schutz hatte sich in seiner abwehrenden Bemühung nun auch abermals gegen uns gewendet, so daß wir nur unter Hinweisung auf unsere umflorten Hüte und mit gewaltiger Anstrengung endlich auch in die bereits überfüllte Kirche zu gelangen vermochten.

Nach hier erfolgter feierlicher Einsegnung ging der Zug dann nach dem Währinger Ortsfriedhofe, wo an der Grabesstelle die von Beethovens Freunde Grillparzer gedichtete Grabesrede hätte gesprochen werden sollen. Doch da es damals untersagt war, auf dem geheiligten Orte selbst Reden halten zu dürfen, sprach Heinrich Anschütz die ergreifende Rede in weihevoller Sprache vor dem Friedhofstore. – Es fehlte der Tränen wahrlich nicht; nicht hier, nicht am Grabe selbst, als der mächtige Titan in die enge Grube gesenkt wurde und seine Freunde und Verehrer über seine Hülle die erste Erde warfen.

*

Zunächst der Bestattungsfeier folgte nach einigen Tagen (am 3. April) die kirchliche Feier des Seelenamtes (Exequien). In der k.k. Hofpfarrkirche zu den Augustinern sollte Mozarts unsterbliches Requiem für den unsterblicheren Beethoven abgehalten werden und dabei die italienischen Sänger mitwirken. Der Impresario Barbaja hatte jedwedes öffentliche Singen seiner engagierten Sängerschar außerhalb des Theaters kontraktlich untersagt. Der Dawiderhandelnde verfiel einem Pönale von 200 Gulden. – Der unübertroffene Bassist (Luigi) Lablache jedoch erklärte in seiner Begeisterung für Beethovens Manen – unter sofortiger Übersendung der 200 Gulden an Barbaja – kurzweg und bündig, daß er singen werde. – Die Kirche faßte kaum die sich versammelnde Menschenmenge. Niemals hat irgend jemand das «Dies irae» so wieder singen hören, eine so weihevolle Aufführung des Requiems erlebt als an jenem Tage. Lablaches Stimme zur Posaune, der ergreifende Moment – alles wirkte erschütternd zusammen.

Gerhard von Breuning

In seinen «Erinnerungen» (1874). – Er fügte noch hinzu: «Am 5. April wurde ferner in der Karlskirche Cherubinis Requiem zu gleicher Feier aufgeführt.»

REDEN AM GRABE

Bei der Bestattung

Indem wir hier am Grabe dieses Verblichenen stehen, sind wir gleichsam die Repräsentanten einer ganzen Nation, des deutschen gesamten Volkes, trauernd über den Fall der einen hochgefeierten Hälfte dessen, was uns übrigblieb von dem dahingeschwundenen Glanz heimischer Kunst, vaterländischer Geistesblüte. Noch lebt zwar – und möge er lange leben! – der Held des Sanges in deutscher Sprache und Zunge (Goethe); aber der letzte Meister des tönenden Liedes, der Tonkunst holder Mund, der Erbe und Erweiterer von Händels und Bachs, von Haydns und Mozarts unsterblichem Ruhme hat ausgelebt, und wir stehen weinend an den zerrissenen Saiten des verklungenen Spiels.

Des verklungenen Spiels! Laßt mich ihn so nennen! Denn ein Künstler war er, und was er war, war er nur durch die Kunst. Des Lebens Stacheln hatten tief ihn verwundet, und wie der Schiffbrüchige das Ufer umklammert, so floh er in deinen Arm, o du des Guten und Wahren gleich herrliche Schwester, des Leides Trösterin, von oben stammende Kunst! Fest hielt er an dir, und selbst als die Pforte geschlossen war, durch die du eingetreten bei ihm und sprachst zu ihm, als er blind geworden war für deine Züge durch sein taubes Ohr, trug er noch immer dein Bild im Herzen, und als er starb, lag's noch auf seiner Brust.

Ein Künstler war er, und wer steht auf neben ihm?

Wie der Behemoth die Meere durchstürmt, so durchflog er die Grenzen seiner Kunst. Vom Girren der Taube bis zum Rollen des Donners, von der spitzfindigsten Verwebung eigensinniger Kunstmittel bis zu dem furchtbaren Punkt, wo das Gebildete übergeht in die regellose Willkür streitender Naturgewalten, alles hatte er durchmessen, alles erfaßt. Der nach ihm kommt, wird nicht fortsetzen, er wird anfangen müssen, denn sein Vorgänger hörte nur auf, wo die Kunst aufhört.

Adelaide und Leonore! Feier der Helden von Vittoria und des Meßopfers demütiges Lied! – Kinder ihr der drei- und viergeteilten Stimmen! brausende Symphonie «Freude, schöner Götterfunken!», du Schwanengesang! Muse des Lieds und Saitenspiels: stellt euch rings um sein Grab und bestreut's mit Lorbeeren!

Ein Künstler war er, aber auch ein Mensch, Mensch in jedem, im höchsten Sinn. Weil er von der Welt sich abschloß, nannten sie ihn feindselig, und weil er der Empfindung aus dem Wege ging, gefühllos. Ach, wer sich hart weiß, der flieht nicht! Die feinsten Spitzen sind es, die am leichtesten sich abstumpfen und biegen oder brechen. Das Übermaß der Empfindung weicht der Empfindung aus! Er floh die Welt, weil er in dem ganzen Bereich seines liebenden Gemüts keine Waffe fand, sich ihr zu widersetzen. Er entzog sich den Menschen, nachdem er ihnen alles gegeben und nichts dafür empfangen hatte. Er blieb einsam, weil er kein zweites Ich fand. Aber bis an sein Grab bewahrte er ein menschliches Herz allen Menschen, ein väterliches den Seinen, Gut und Blut der ganzen Welt.

So war er, so starb er, so wird er leben für alle Zeiten.

Ihr aber, die ihr unserem Geleite gefolgt bis hierher, gebietet eurem Schmerz! Nicht verloren habt ihr ihn, ihr habt ihn gewonnen. Kein Lebendiger tritt in die Hallen der Unsterblichkeit ein. Der Leib muß fallen, dann erst öffnen sich ihre Pforten. Den ihr betrauert, er steht von nun an unter den Großen aller Zeiten, unantastbar für immer. Darum kehrt nach Hause, betrübt, aber gefaßt! Und wenn euch je im Leben, wie der kommende Sturm, die Gewalt seiner Schöpfungen übermannt, wenn euer Entzücken dahinströmt in der Mitte eines noch ungeborenen Geschlechts, so erinnert euch dieser Stunde und denkt: Wir waren dabei, als sie ihn begruben, und als er starb, haben wir geweint.

*

Bei der Enthüllung des Denksteines

Sechs Monde sind's, da standen wir hier an demselben Orte; klagend, weinend: denn wir begruben einen Freund. Nun wir wieder versammelt sind, laßt uns gefaßt sein und mutig: denn wir feiern einen Sieger. Hinabgetragen hat ihn der Strom des Vergänglichen in der Ewigkeit unbesegeltes Meer. Ausgezogen, was sterblich war, glänzt er ein Sternbild am Himmel der Nacht. Nicht von ihm sei unsere Rede, sondern von uns.

Wir haben einen Stein setzen lassen. Etwa ihm zum Denkmal? Uns zum Wahrzeichen! Damit noch unsere Enkel wissen, wo sie hinzuknien haben, und die Hände zu falten, und die Erde zu küssen, die sein Gebein deckt. Einfach ist der Stein, wie er selbst war im Leben, nicht groß; um je größer, um so spöttischer wäre ja doch der Abstand gegen des Mannes Wert. Der Name Beethoven steht darauf und somit der herrlichste Wappenschild, purpurner Herzogsmantel zugleich und Fürstenhut. Und somit nehmen wir auf immer Abschied von dem Menschen, der gewesen, und treten an die Erbschaft des Geistes, der ist und bleiben wird.

Selten sind sie, die Augenblicke der Begeisterung, in dieser geistesarmen Zeit. Ihr, die ihr versammelt seid an dieser Stätte, tretet näher an dies Grab. Heftet eure Blicke auf den Grund, richtet alle eure Sinne gesamt auf das, was euch wissend ist von diesem Manne, und so laßt, wie die Fröste dieser späten Jahreszeit, die Schauder der Sammlung ziehen durch euer Gebein, wie ein Fieber tragt es hin in euer Haus, wie ein wohltätiges, rettendes Fieber, und hegt's und bewahrt's!

Selten sind sie, die Augenblicke der Begeisterung, in dieser geistesarmen Zeit. Heiliget euch! Der hier liegt, war ein Begeisterter. Nach Einem trachtend, um Eines sorgend, für Eines duldend, alles hingebend für Eines, so ging dieser Mann durch das Leben. – Nicht Gattin hat er gekannt noch Kind; kaum Freude, wenig Genuß. – Ärgerte ihn ein Auge, er riß es aus und ging fort, fort bis ans Ziel. Wenn noch Sinn für Ganzheit in uns ist in dieser zersplitterten Zeit, so laßt uns sammeln an seinem Grab. Darum sind ja von jeher Dichter gewesen und Helden, Sänger und Gotterleuchtete, daß an ihnen die armen zerrütteten Menschen sich aufrichten, ihres Ursprungs gedenken und ihres Ziels.

Franz Grillparzer

Beide Reden wurden von dem Burgschauspieler Heinrich Anschütz (siehe Seite 176) gesprochen. Die erste am 29. März 1827 vor dem Tor des Währinger Friedhofes, die zweite zwischen dem 4. und 10. November 1827 am Grabe. – Über die erste Rede berichtete Anschütz 1866 in seinen «Erinnerungen»: «Grillparzer hatte über Aufforderung die Leichenrede verfaßt, deren Vortrag am Grabe mir übertragen worden war. Niemand hätte daran gedacht, daß dieser kollegiale Nachruf Anstoß erregen könnte... Kaum aber wurde es ruchbar, daß diese Totenrede beabsichtigt sei, so erhob man heftigen Protest dagegen, daß an dem Grabe Worte der freundlichen Erinnerung aus profaner Feder und aus profanem Munde ertönen sollten, und ich wurde an dem Eingange zum Friedhof zurückgewiesen und aufgefordert, die Rede *vor* dem Tore abzuhalten. – Übrigens raubte diese Einschränkung der großartigen Feierlichkeit nichts von ihrer schmerzlich tiefen Bedeutung. Man lauschte Grillparzers Worten, als würde die ergreifendste Predigt gehalten.»